门萨智力大师系列

MENSA
门萨横向思维与逻辑推理
LATERAL THINKING AND LOGICAL DEDUCTION

〔英〕戴夫·查顿 〔英〕卡罗琳·史基特 著

丁大刚 张相芬 庞彦杰 译

人民文学出版社
PEOPLE'S LITERATURE PUBLISHING HOUSE

著作权合同登记号　图字 01-2021-3915

图书在版编目 (CIP) 数据

门萨横向思维与逻辑推理/(英)戴夫·查顿,(英)
卡罗琳·史基特著;丁大刚,张相芬,庞彦杰译. —北
京:人民文学出版社,2022
(门萨智力大师系列)
ISBN 978-7-02-017327-3

Ⅰ. ①门…　Ⅱ. ①戴…②卡…③丁…④张…⑤庞…
Ⅲ. ①智力游戏　Ⅳ. ①G898.2

中国版本图书馆 CIP 数据核字 (2022) 第 125729 号

责任编辑　卜艳冰　周　洁
装帧设计　李苗苗

出版发行　人民文学出版社
社　　址　北京市朝内大街 166 号
邮政编码　100705

印　　制　凸版艺彩(东莞)印刷有限公司
经　　销　全国新华书店等

开　　本　720 毫米×1000 毫米　1/16
印　　张　15.375
字　　数　259 千字
版　　次　2022 年 9 月北京第 1 版
印　　次　2022 年 9 月第 1 次印刷

书　　号　978-7-02-017327-3
定　　价　88.00 元

如有印装质量问题,请与本社图书销售中心调换。电话:010 - 65233595

什么是"门萨"？

"门萨"是世界顶级高智商俱乐部的名称。

它拥有十万多名会员，遍及全球四十多个国家。

俱乐部的宗旨是：

> 从人类利益出发，确认、培养以及巩固人类智力；

> 鼓励开发研究人类智力的本能、特征和用途；

> 为其会员提供宝贵的智力激发、交流和发展的机会。

任何智力测试得分在世界人口前2%的人都有资格成为门萨俱乐部的一员——您是我们一直在寻找的那"2%"吗？

门萨俱乐部成员享有以下权益：

> 国内外线上线下社交活动；

> 量身打造的兴趣小组——从艺术到动物学研究，百余种选择只为迎合您的兴趣爱好；

> 会员月刊和当地活动时讯；

> 同城聚会——从游戏竞技到小食、酒水聚会；

> 国内其他城市及国外周末聚会和会议；

> 激发智力的讲座与研讨会；

> 享受SIGHT（国际向导和接待游客）组织所提供的服务。

目录

Contents

Puzzle

横 向 思 维 谜 题

登山运动员

一家四口去登山度假。第二天人们发现他们死在了自己的客房里。验尸官说他们是溺水而死。室内的水龙头是关着的，煮锅和储水装置完好无损。没有任何谋杀的迹象。是什么引起了他们的溺水？

提示

1. 他们距离最近的湖泊有一千多米远。
2. 已经有五天没有下雨了。没有山洪暴发。
3. 不是由于水坝有问题而引起的。

3

上　升

一个人正在考察一座大山。他脚下突然一滑，跌倒了。他滑倒的时候距离山顶还有 45 米，但他滑倒后已经处于山顶上了。他没有攀登剩余的路程，也没有被同事们拉到山顶。他是怎么滑到山顶的？

提示

1. 他在同一座山上，而且山顶就在他上面。
2. 他没有靠氢气球或氦气球帮助。
3. 没有绳子，也没有滑轮。
4. 没有上升的热气流。

4

答案编号 **2**

平均分配

三个孩子在数他们的钱时发现每个人都只有一种面值的硬币。每个孩子的硬币面值不同，而且每人的硬币数量不同。他们通过计算得出，如果每个孩子给其他两个孩子各两枚自己的硬币，他们每人都将有 1.80 美元。那么每个孩子最初各有多少枚面值为何的硬币？

（注：硬币的面值分别为 5 美分、10 美分和 25 美分。）

答案编号 **3**

我的作业是正确的!

幼儿园的老师给孩子们布置了一些数学题作为家庭作业。第二天,老师把汤姆叫出去,并告诉他所有的题目都做错了。

汤姆的答案排列如下:

$$10+7=5$$
$$9+6=3$$
$$11+5=4$$
$$8+11=7$$

汤姆其实没错。这是怎么回事?

答案编号 **4**

我们要去一个闹鬼的地方！

一座古代的城堡被改建成一家酒店。几个月之后，许多人报告说看到了鬼。酒店因此失去了许多订单，经理面临巨大的压力，但是他从众多的寻鬼者那里获得了许多生意。问题是，他不能够保证把鬼的出现与正确的客人搭配起来。除非他能发现鬼出没的时间和地点的模式，这个问题才能解决。如果他能够预测鬼出现的时间和地点，那么他就可以让所有的客人都满意了。

他发现，从一月到三月，3号房间每隔两晚就闹鬼；四月到六月，4号房间每隔三个晚上就闹鬼；七月到九月，9号房间每隔四个晚上就闹鬼。他需要计算最后一个季度哪个房间将会闹鬼，以及闹鬼的频率。他怎样才能够计算出？答案是什么？

答案编号 **5**

9的循环

坎贝尔和麦克弗森这两个敌对的部落由于来自两个部落的男孩和女孩的一场婚姻而走到了一起。然而，两个部落的成员仍然非常热爱自己的部落，并且相互之间非常不信任。在头几年里，两个部落都派出相同数量的成员参加共同举办的所有活动。这些活动包括建造房屋、打猎、捕鱼、烧饭等。

在非常不幸的一天，一艘渔船遭遇了恶劣的暴风雨，开始下沉。船上共有30名船员（每个部落各占15名，由坎贝尔部落的首领带队）。首领决定，一半的船员必须冒险游到岸上，从而保住小船和其他船员的生命。首领说他会在选择谁离开方面做到公平。他让大家排成一队，并且围成一个圈，从1开始数到9，第九个人必须离开，依此循环，直到选出全部15名需离开的船员。船员们都同意了，而且每个人都被分配了一个标号为1到30的位置。

首领如何排队才能够做到只让麦克弗森部落的人离开？

答案编号 **6**

一丝不挂的国王

我们都读过"国王的新衣"这个故事，讲的是一位国王和他神奇的衣服，这种衣服只有最聪明的人才能看见。但是，您是否知道这件事情曾经从相反的角度被验证过？观看游行的观众能看见游行队伍中的所有人都没有穿衣服的样子，而他们当时其实都穿着衣服。怎样才能实现这一点呢？

提示

1. 不是在催眠状态。
2. 不是灯光魔术，也没有使用特殊的眼镜。
3. 没有使用 X 光。
4. 观众与超人无关。
5. 他们没有脱衣服，游行也只进行了一次。

9

答案编号 **7**

彩票中奖

这一周的彩票中奖者是一个由十个人组成的联合会。中奖金额是2775000美元。他们为联合会缴纳的资金数量不同，因此他们各自所得奖金要根据缴费的多少进行计算。如果缴费额都不相同，但是每一等级奖金之间的现金差额都相同，那么，假如缴费最少的三个人的奖金额总和等于缴费最多的两个人的奖金额总和，获得奖金第二高者的奖金额是多少？

答案编号 **8**

尼龙滚珠

一家工厂用尼龙纤维制作了数以百万计的小滚珠。这些滚珠非常坚硬，而且非常轻。这使得它们的价格很低。把几十颗滚珠放在水泥地上，可以支撑起一辆大卡车。它们被储藏在四米多深的木箱中。在正常情况下，使用这种材料非常安全，无毒害。然而工厂的一名工人死了，为什么？

提示

1. 他不是在加工过程中遇难的。
2. 他不是由于使用滚珠而跌倒的。
3. 他没有遭受物体的撞击或碾压。
4. 他的死不是由于这种材料释放出的毒气引起的，也不是由于火灾引起的。

11

答案编号 **9**

赌马人乔

爱 好赌马的乔由于严重的心脏病而被送进了医院。照看他的护士注意到他入院的时候口袋里有几张当天的赛马赌券，但是她认为应该待到他康复后再让他看这些东西，额外的压力可能不利于他的康复。手术后过了两个星期，护士给了他一张手术当天的日报，并且把他的赛马赌券和钱包交给了他。看了他的第一张赌券和报纸之后，他发现自己花了50美元赌的第一匹马以50：1的成绩赢得了比赛。他出院之后，打电话要求领取他获得的2500美元。庄家拒绝付给他钱。您知道这是为什么吗？

提示

1. 赌券没有时间限制。
2. 赌马是有效的，而且他已经支付了50美元。
3. 庄家没有失踪，也没有破产。
4. 他没有欠庄家2500美元或更多的钱。
5. 他没有把赌券填写错。
6. 那匹马已经赢得了比赛，而且没有被取消资格。

答案编号 **10**

选择国王

国王已经死了一段时间。王后临时掌握国家政权。他们有两个双胞胎孩子。由于是剖宫产，两个孩子同时出生。

必须选择一个孩子继承王位。其中一个孩子非常聪明，深受众人的喜爱；另一个不是那么聪明，根本没有人喜欢，而且王后和议会中的人也不偏爱他。结果后者被选中了。您能推测出其中的原因吗？

提示

1. 其中不存在腐败的动机。
2. 国王是根据宪法选出的。
3. 那个聪明的孩子没有死亡，没有受到伤害，也没有被锁起来。
4. 王后同意了最后的决定。
5. 没有国外势力参与其中。
6. 婚姻与这个决定无关。

13

空气污染的问题

一家化工厂发生了火灾。火灾非常严重,消防队用了 12 个小时才把火势控制住。警察必须疏散半径约 1500 米范围内的居民,因为浓烟有剧毒,人吸入后数分钟之内就会丧命。起初,风把毒气从西向东吹,而且风连续吹了 3 小时 20 分钟。然而,警察开始疏散工厂西侧的居民,因为这似乎有很大意义。这个疏散过程挽救了成千上万人的生命。但是,风向随后改变了,开始从东向西吹。那些没有被疏散的居民要么丧失了生命,要么遭受了严重伤害而需要治疗。风继续朝这个方向吹,直到大火被完全扑灭。结果只有那些居住在工厂西侧的人有伤亡。为什么?

14 提示

> 1. 没有下雨。
> 2. 致命的毒气一直在释放。
> 3. 毒气比空气重,而且其扩散没有超出东侧的疏散范围。
> 4. 东侧的居民都没有呼吸器,也没有被疏散。
> 5. 关闭门窗不能够起到完全的保护作用。

答案编号 **12**

蚂蚁正面相撞？

有人在一根钢筋上从一端到另一端画了一条线。线的宽度只有一只蚂蚁宽度的四分之一。两只很聪明的蚂蚁被告知必须待在线上，否则就得死。蚂蚁分别被放在钢筋的两端，并且被告知到钢筋的另一端才能够平安地进食。如果相遇，它们两个都将被杀死。这两只蚂蚁如何才能够达到自己的目的？

提示

1. 钢筋很坚硬，不可能被做成中空。
2. 两只蚂蚁如果在这条线上，是不可能相互避开的。它们也不能够从对方身上跳过去。
3. 两只蚂蚁都吃到了食，都没有死。
4. 钢筋没有被悬空，也没有被旋转。

答案编号 **13**

球星退役

一名优秀的球员为他的俱乐部和国家服务了数年，在退役前，最后举办一场由他的俱乐部队对阵他的国家队的友谊赛作为告别赛。终场比分是 3∶2。他踢进了 4 个球，但最终他的俱乐部队输掉了比赛。根据下面提示中的条件，您能否推测出发生了什么事情？

提示

1. 他的 4 个球踢进的都是球场同一侧的球门。
2. 决定比赛胜负的一球是乌龙球，但不是他踢进的。
3. 他半场后往相反的方向踢。

16

答案编号 14

赛道上的混乱

在赛道起始位置的第二排，7号车的驾驶员是3号车驾驶员的儿子。他们两个在预选赛中并列第三。3号车的驾驶员不是7号车驾驶员的父亲。这是怎么回事？

17

小小育种员

一个人来到宠物店，要买一对虎皮鹦鹉，目的是为了让它们下蛋。店主卖给他一对在笼子里似乎形影不离的鹦鹉。六个月后，这个人再次来到店里，抱怨说鹦鹉没有下蛋。店主想让顾客高兴，于是又给了他一只刚刚下过蛋的虎皮鹦鹉。六个月后，这个人又来到店里，仍然抱怨说鹦鹉没有下蛋。为什么那些鹦鹉不下蛋？

提示

> 1. 这些鹦鹉没有任何问题。
> 2. 它们饮食正常。
> 3. 它们正值生育年龄。
> 4. 它们的居住环境很安静。

18

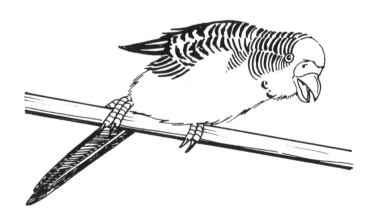

答案编号 **16**

谁是真正的谎言大师？

在一座监狱里，厨房的一袋糖不见了。已知五个主要的嫌疑人当中有四个人撒了一个谎，另一个嫌疑人撒了两个谎。偷盗者是撒了两个谎的那个人。根据下面的供述，您能够推测出来这是怎么回事吗？

囚犯 A： 我与囚犯 D 一起在我的房间里待着，我能看见囚犯 B 在车间里，囚犯 C 在淋浴房里，而且我还可以从屋门或窗户看到囚犯 E 在体育馆里。

囚犯 B： 我在车间里，我看见囚犯 D 在体育馆里。我还看见囚犯 E 在体育馆里，囚犯 C 正在淋浴。我没有看见囚犯 A 透过他的窗户看我，但是他可能在他的房间里。

囚犯 C： 我在淋浴，但是我确实看到囚犯 A 和囚犯 D 在他们的房间里，而且还看到囚犯 E 在体育馆里。我看不到车间里的人。

囚犯 D： 我没和囚犯 A 一起在房间里待着，但是我看见囚犯 B 在院子里看淋浴房里的囚犯 C，而且他还在看正在体育馆里锻炼的囚犯 E。

囚犯 E： 我看了囚犯 A 的房间，他不在那里，但囚犯 D 在。囚犯 B 在车间里。囚犯 C 和我在体育馆里锻炼之后到了淋浴房里。他把我一个人留在体育馆里锻炼。

答案编号 **17**

漏水的管道

一条管道的底面破裂，出现了一个漏洞。它每小时漏掉 5 升水，4 个小时后里面的水全部漏完。漏洞没有被发现，于是管道内又被重新装满了水，第二个同样大小的漏洞立即就出现了。管道现在漏水的速度是每小时 10 升，但这次花费了 3 个小时才漏完。您知道是为什么吗？

20

公交车司机

两个公交车司机坐在职工餐厅里闲聊。其中一个司机离开餐厅去见等候在外面的一个男孩。正要进入餐厅的第三个司机问和男孩待在一起的司机那男孩是谁。这个司机回答："他是我儿子。"第三个司机在餐厅里坐下，听另一个司机说那个男孩也是他的儿子。这怎么可能呢？这个男孩没有任何继父母，而且两个司机说的都是实话。

没有提示：这个问题很容易。

21

答案编号 **19**

花 束

一个鲜花店老板正在用玫瑰、康乃馨和菊花制作花束。仅有康乃馨的花束数量是仅有菊花的花束数量的两倍。仅有玫瑰的花束数量比仅有康乃馨的花束数量多一束。包含三种鲜花的花束数量比仅有玫瑰和康乃馨两种鲜花的花束数量多一束。仅有玫瑰的花束数量与仅有康乃馨和菊花两种鲜花的花束数量一样多。仅有玫瑰和菊花两种鲜花的花束数量比仅有菊花的花束数量多一束。2束花仅有菊花，18束花没有任何菊花。

请回答

1. 多少束花仅有玫瑰花？
2. 多少束花仅有其中的两种花？
3. 多少束花仅有康乃馨？
4. 多少束花包含这三种鲜花？
5. 花店老板共插了多少束鲜花？

答案编号 **20**

球　迷

一个小男孩要去观看一场重要的足球比赛。他决定在脸上涂上蓝色和黄色颜料，把脸变成绿色，因为绿色是他所喜爱的球队的标志色。他的球队赢得了比赛。赛后，下雨了，他与朋友们一起庆祝了好几个小时。回到家后，他惊奇地发现他的脸是蓝色的，而不是绿色。为什么？

提示

1. 他没有被涂第二次颜色。
2. 他涂的颜料不受紫外线影响。
3. 他涂的颜料干了之后不会变成蓝色。
4. 他涂颜料所用的刷子是干净的，上面没有化学物质。
5. 变化不是由对温度或光线敏感的添加剂所引起的。

23

答案编号 **21**

森林大火

澳大利亚发生了一场森林火灾。消防队员从最近的湖泊中大量运水把火扑灭之后，开始搜索尸体。经过两天的搜寻，他们发现了一具穿着完整的潜水装配的尸体。虽然他已经死了，但他一点也没有被火烧着。这片森林距离任何水源都有 30 千米。他是怎么到那里的?

提示

1. 这个人没有走到他被发现的那个地方。
2. 这个人没有被谋杀，是意外死亡。
3. 他湿漉漉的衣服没有被烧着，也没有熔化。
4. 他有几处骨折。

24

答案编号 **22**

液体池

一个人掉进了满满一池液体中。他出来的时候，全身是干的，皮肤也没有弄湿，但他被直接送往医院。您能解释他的身体为什么是干的，又为什么被送往医院吗？

提示

1. 池中的液体温度与室温相同。
2. 有警示牌写着"请勿靠近"。
3. 是一场事故引起他落入池中的。
4. 他是轻轻倒下的，没有出现震荡或任何严重的撞击。
5. 池里的液体有 1.2 米深。当他掉进去的时候，没有什么液体损失。
6. 他没有穿任何防护服。
7. 他没有吞咽任何液体。
8. 他被要求把衣服烧掉。

25

答案编号 **23**

停车场过于拥挤

一家公司有一座停车场，其中的十个车位全部被分配给了经理们。该公司由于业务扩大而录用了一名新经理。像其他经理一样，合同中答应给新经理一个车位。如果没有人被要求双行停车，那么怎样才能够解决新经理的停车问题？

提示

1. 车辆不能够堵塞任何一条进出的通道。
2. 所有车辆之间的间隔必须相同。
3. 另外一辆车不能停在远离经理办公室的地方，而且其他经理都保留自己的车位。
4. 所有的车必须可以同时停靠。

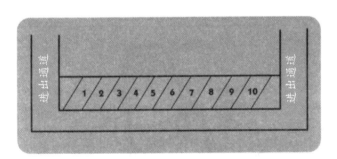

答案编号 **24**

快递员的等候

快递员给客户打电话说，他送的板条箱有 1 吨重，需要起重设备将其卸下。他距离交货码头不到 1.5 千米，但需要花费 6 个小时才能到达。他从取货点出来用了仅仅一个多小时就走了 30 千米。根据下面的提示推测，为什么需要那么长时间才能够到达交货码头。

提示

1. 他没有绕道，而且在他现在所处位置与交货码头之间没有交通车辆。
2. 他没有因为其他会议或人而耽误。
3. 耽误不是由于装卸其他产品而引起的。
4. 如果晚到 5 小时 45 分，他可以在 15 分钟之内走完这段路程。
5. 这个地区的道路没有交通堵塞，也没有施工。
6. 原因不是由于什么人做了什么事。

答案编号 **25**

跳到安全地带

一个人在一幢三层楼房的顶楼睡觉，醒来后发现有烟涌入他的卧室。他尽可能多地收拾起值钱的东西，从卧室窗户跳了出去。尽管他怀里抱着满满的东西，但他没有跌倒，也没有打破什么东西，并且他没有伤着自己。为什么？

提示

1. 其中有些物品是易碎的，如果掉到地上，是会被打破的。
2. 他没有跳到房子的壁架上。
3. 他没有使用梯子、绳子或安全网。
4. 他没有跳到水中，也没有跳到松软的雪地上。

28

答案编号 **26**

班　级

詹姆斯每天早上都背着书包拖着沉重的步伐去学校，但他不做家庭作业，而且他也没有在考试中取得很高的分数。他班上有 36 个孩子，其中 35 个都是好学生。为什么詹姆斯从来没有受过罚？

提示

1. 詹姆斯始终都很有礼貌。
2. 詹姆斯曾经多次被叫到校长办公室。
3. 詹姆斯与学校里的任何人都没有特殊关系。他不是一个特殊学生。

29

答案编号 **27**

消失的快乐

在一家糖果店里，一个小男孩被允许挑选他想要的东西。他抱着一只鼓鼓囊囊的袋子高兴地走出商店。他在袋子的顶部弄了一个洞，开始吃。他只吃了其中很小的一部分，但半小时后，他的袋子几乎空了，而且还变成了粉红色。他没有把袋子丢到地上，也没有丢掉其中的东西。他没有把袋子里的东西给别人或扔掉，也没有把其中的东西转移到其他地方。袋子里的东西到哪里去了？

提示

1. 他只吃了袋子里 5% 的东西。
2. 袋子上的洞没有让任何东西跑出去。
3. 里面的东西没有被昆虫或其他什么东西吃掉。

答案编号 **28**

邋遢的吃客

使同事们烦恼的是，亚瑟每天都把水果带到办公室作午餐吃。他剥去香蕉皮，扔得到处都是，把苹果核弄得满地都是，把葡萄籽吐到别人的办公桌上，而且他总是把橙汁喷射到别人的眼睛里。亚瑟仍然带水果去工作，但不再遭受同事们的抱怨。他没有改变自己吃水果的习惯，没有为同事们做任何事，也没有同他们说什么，而且他的同事也没有变。为什么他不再遭受抱怨了呢？

提示

1. 他不是与动物一起工作的，而且办公室里通常是很干净的。
2. 他不再用他的手指拿水果。

答案编号 **29**

窗帘店

在 一家窗帘店里，有一些花布悬挂在"花卉图案"区，有各种颜色但没有图案的窗帘挂在"素色织物"区。为什么有连续竖条纹的一对窗帘没有挂在"条纹织物"区？

提示

1. 有一个区写着"条纹织物"。
2. 这对窗帘有竖状条纹。
3. 它们没有被放错到另一个区去。
4. 顾客知道在哪里找到自己需要的窗帘。

答案编号 **30**

失踪的人

一个寒冷的冬日早晨，詹妮沿着一条狭小的乡村里弄行走。弄堂的两边各有四座房屋。詹妮发现每座房子都有一扇不同颜色的大门，而且有不同颜色的小车停在车道上。在其中一座房子外面，她看到一个人站在花园里。他穿着非常考究，戴着一顶帽子，围着一条围巾保暖。她向这位绅士招招手说："您好。"那位男士在冲她微笑。那天晚些时候，她回来时又见到了那位男士。她向他招招手说："天气确实变暖和了，感觉不像早上那么冷了。"男士还在冲她微笑。她继续往前走，数着经过她的车辆。第二天，当詹妮再次沿着里弄走时，发现那位男士不见了。他到哪里去了呢？

提示

> 1. 他没有进屋，也没有进其他任何一座房子。
> 2. 他没有沿着里弄的任何一个方向行走。
> 3. 他没有驾车去任何地方。

答案编号 **31**

洗盘子

纽约的一对夫妇有六个孩子。一周之中的每个晚上由一个孩子洗盘子。每天晚上都有一个不同的孩子完成这项任务。星期天，所有的孩子都通过抓阄来决定谁洗盘子。其中一个孩子心想，最好留下最后一个阄，而且根本都不用挑。她计算，第一个人抓到的概率是1/6，第二个人的是1/5，第三个人的是1/4，以此类推，直到剩下最后一个阄，概率是1。这个孩子把前面所有的概率加在一起，发现其结果大于1，所以认为最后一个抓是合算的。这个窍门管用吗？

二十世纪三十年代

早 在二十世纪三十年代的一次跨越大西洋的飞行中,一架载有二十名乘客的飞机从英国飞往纽约。接近纽约的时候,它的燃油已所剩无几。飞机到达的时候风非常大,它不能在预定的地点着陆,但是可以在只有数千米远的另一地点着陆,那里的风速甚至更快。这怎么可能呢?

提示

1. 第二个着陆点的风向不太利于着陆。这里的风是侧风,而且要比第一个着陆点侧得严重。
2. 第一个着陆点没有其他交通工具,而且没有相关的空中交通。
3. 空管没有提示飞机有任何问题,而且飞机确实没有问题。
4. 飞机不是因为燃油较少而转向的。
5. 飞行员明白为什么应该转向。

答案编号 **33**

危险的邻居

普里斯（Price）一家被邻居们认为是不受欢迎的人。这个家庭中的人总是恐吓邻居。邻居们非常害怕被报复，而且有前车之鉴，所以不敢报警。一天，普里斯家的一个成员放火烧了一个邻居的房子，局势变得更加严重了。警察审问了所有的邻居，但即使有人知道是谁干的，他们也不说。一个邻居递给警察一张纸条，于是警察就直接找到了这个家族中放火的那个人。如果这家人中，父亲是汤姆·普里斯（Tom Price），母亲是朱莉·普里斯（Julie Price），孩子们分别是詹姆斯（James）、大卫（David）、马克（Mark）和查克（Chuck），那么家里的哪个成员被捕了？

36

纸条

答案编号 **34**

最后一趟列车

一个人要到火车站去赶 12:47 的列车。当他到达的时候，他意识到自己没有戴表。当他走过检票机的时候，他看见一个时钟。他认为自己早到了一个半小时，于是离开了站台。过了一会儿，当他错过火车后，他意识到了自己的错误。时钟是正确的，那么为什么他认为自己早到了呢？

提示

1. 时钟显示了正确的时间。
2. 他没有问任何人任何问题。
3. 他没有看到任何晚点的信息。
4. 他的火车很准时，没有改时间。

37

答案编号 **35**

倒霉的锁匠

一个锁匠被叫到一家银行换一个房间的锁。这个房间是用于储藏重要文件的。只有切断前门的两条低功率的激光束，才能解除覆盖在锁上的钢板，从而使银行经理可以用一把特殊的新钥匙打开锁。这个系统应该是自动的，用完之后可以自动重新锁定。就在锁匠完成清理工作之前，银行经理想检验一下。在帮助锁匠整理好工具之后，经理被锁在了房间里。锁匠无法把他弄出来。为什么？

提示

1. 门是不小心或者故意关上的。
2. 必须由警察和消防队把经理释放出来。
3. 锁匠必须再换这把锁。
4. 锁匠仍然有门的钥匙，而且在清理之前已经测试过钥匙可用，但现在不管用。
5. 激光束只有一米远。

答案编号 **36**

玻璃头像

为了答谢总统对国家的服务以及他对世界和平所作出的贡献，人们要按照总统的模样用玻璃制作一个重达两吨的巨大头像。头像的底座要平，从而确保头像不会在其柱基上移动。柱基的上部与玻璃头像的脖子吻合得非常完美。要用一台桥式吊车把头吊到脖子上，吊绳是经过特别衬垫的，但这时出现了一个问题：这两个部分必须摆放得恰到好处，而且工人们不能够拖拉绳索，因为这样会把头部或底座弄破裂。他们该怎么做？

提示

1. 他们不能使用木楔或任何会刮伤玻璃的东西。
2. 他们不能使用压缩空气，因为压缩机没有这么大的功率。
3. 绳索必须经过脖子下面四个地方。
4. 绳索的核心部分是不锈钢，外面包裹了一层尼龙纤维。绳索的直径是五厘米。
5. 他们不能使用吸盘或橡胶支撑物。

答案编号 **37**

船夫的问题

一个人把五个孩子留给船夫，并且告诉他必须用最少次数的摆渡把五个孩子带到河对岸，最终每个孩子都有相同次数的单程摆渡。这些孩子的年龄各不相同。每次船夫只能带最多两个孩子加上他自己过河。年龄相邻的任何两个孩子都不能在船夫不在的情况下被留在岸上。只有船夫能够划船。需要摆渡多少次？顺序是什么？

答案编号 **38**

家庭问答

一个人走进自己的房子，问了女儿一个问题（他不知道这个问题的答案）。对于这个问题，无论答案正确与否，他都将知道答案。这个问题是什么？

提示

1. 女儿之前不具备回答这个问题的知识。
2. 她可以用任何词语回答。
3. 被提问的时候，她不在房间里。

答案编号 **39**

埃及谜王

很久很久以前，在法老时代，谜王是非常受法老宠爱的，结果其中一个法老让他设计一个通往自己坟墓的入口。法老说，他死后，自己的坟墓绝对不能被盗，所以这个设计必须防止他的子民进入。他还有两百名身体强壮的士兵陪葬，以便在他复活的时候把他救出去。入口的设计如下图所示。这个立方体将封住入口。在这个立方体被移动到金字塔里恰当的位置之前，该怎么做才能让法老出来？

提示

1. 这个立方体很坚固，是用石头做成的。它由两半组成，如图所示。
2. 燕尾槽在您看不见的面上，而且处在中央位置。这个立方体的每侧都有同样的燕尾槽。
3. 两百个人能够搬动立方体的一半，但不能移动整个立方体。需要四百个人才能把立方体移到位。
4. 不需要外界的帮助。
5. 不使用铰链或魔术。

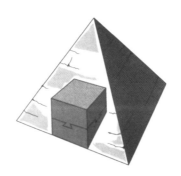

答案编号 **40**

球靶练习

冬天的早晨，双胞胎兄弟皮特和拉里起床后在谷仓门上画了一个大大的靶子。油漆干了之后，他们发现，如果他们投掷快球，他们的棒球将损坏谷仓门。橡皮球和网球要么丢了，要么没用，因为它们无法在门上留下痕迹以表明他们射靶的成绩。两兄弟都非常喜爱竞争，也确实有一个解决方案，而且让父母很高兴。他们向门上投掷了数小时的球，每次都能够准确地命中，而且每次都没有在门上留下污渍，也没有损坏靶子图案。这怎么可能呢?

提示

1. 球没有染颜料或粘泥巴。
2. 球不会反弹。
3. 兄弟俩被告知打扫完院子之后才能够玩球。这个告知对他们非常有利。
4. 兄弟俩很干净。

43

萨莉的沐浴

萨莉到浴室里洗澡。她想放满满一浴盆水以便洗个泡泡浴。但不幸的是，浴盆的塞子丢了。她找不到另一只塞子或其他可以填塞出水孔的东西。然而，她明白虽然其中一只水龙头放出的水不会留在浴盆里，另一只水龙头放出的水却不会从浴盆里流掉。这是怎么回事？

提示

1. 她没有用肥皂堵塞出水孔。
2. 出水孔出水的速度比两只水龙头开足时的出水速度都快。
3. 几天前和几天后她都不能够运用这个想法。
4. 她必须用另一只水龙头清洗浴盆。

答案编号 **42**

抢 劫

一个人走进一家酒吧要一杯水。酒吧招待走进后室，然后戴着面罩，拿着一把枪走回酒吧。这位客人虽然没有喝水，依然感谢了他，并走出了酒吧。他为什么很满意?

提示

1. 酒吧招待不认识这位客人。
2. 这位客人不是罪犯。
3. 酒吧招待没有给这位客人东西，也没有向他索要东西。

45

答案编号 **43**

飞 机

为什么这些人往这架飞越大西洋的喷气式客机机身里注水?

提示

1. 这样做是安全的。
2. 这架飞机没有着火，也没有火灾的危险。
3. 在此之前乘客们就已经处于危险之中了。
4. 这不是在水上着陆后采取的紧急措施。
5. 这不是安全演习。

46

答案编号 **44**

继承来的房子

杰米不知道他叔父去世时留给他一座海景房。他知道那是距离悬崖大约两百米的一座大房子，俯瞰着大海。他小时候曾经到过那里，那大约是三十年前的事了。杰米与他的叔父关系并不亲密，但他是叔父唯一活在世上的亲人。由于杰米在国外工作，因此律师调查了许多年才找到杰米。当他再次看到房子时，发现花园距离大海只有三十米了，他非常失望。为什么？

提示

1. 房子保存完好，秩序井然。
2. 在房子与大海之间没有其他建筑。
3. 花园依然整洁。
4. 附近的城镇已经繁荣了。
5. 杰米的失望不是缘于伤感。
6. 他的叔父一直生活在那里直到去世。

47

答案编号 45

便宜货

为什么一个百万富翁决定买距离海面两百多米的土地？

提示

> 1. 它在海平面下。
> 2. 它不包含开采权，而且与矿藏也没有关系。
> 3. 数百米之内没有石油。
> 4. 它不是海港，而且也不会成为海港。
> 5. 它与游泳权无关。
> 6. 它是便宜货。

48

答案编号 **46**

消防演习

佛罗里达州的一所学校里，火警报警器在长鸣。老师和学生秩序井然，都明白该如何行事。学生知道这不是一次消防演习，他们需要消防队的到来，因为确实出现了险情。发生了什么？

提示

1. 老师和学生不能走出大楼。
2. 消防队是接到报警后赶来现场的。
3. 如果不离开学校大楼，许多人就能够获救。
4. 没有火灾。
5. 全校的门窗都是关闭的。

49

答案编号 **47**

曲止寿终

全家人像平常一样到医院看望祖父，围在他的病床旁。他已经昏迷好多天了，但近期不会去世。医院里的管乐突然停止，祖父几乎同时去世了。为什么？

提示

> 1. 他安装了监视器，并且在进行静脉滴注。
> 2. 他安装了呼吸机。
> 3. 机器没有故障。
> 4. 机器的电源没有问题。
> 5. 他的死是可以预防的。

答案编号 48

手提箱里的装尸袋

谢丽尔刚刚交了个男朋友弗洛伊德。他们是在拉斯维加斯相遇的，一夜激情之后就结婚了。当他们往车上装东西的时候，她向一只没有打包的手提箱里看了一眼。这只手提箱是她的新婚丈夫留在后备厢里的。箱子里面有一只装尸袋，里面是一个男孩。手提箱上有洞，因此空气可以进入，而且装尸袋是半开着的。她没有与弗洛伊德分手，也没有向警察报警。为什么？

提示

1. 他告诉她，她发现了他最好的朋友。
2. 装尸袋是用于保护的。
3. 男孩不是弗洛伊德的儿子。
4. 男孩穿着完整的衣服。
5. 虽然男孩有一条胳膊断了，但没有被谋杀的嫌疑。

51

答案编号 **49**

红衣主教洛克玛普

红衣主教逮捕并监禁了一个火枪手。据说这个火枪手勾引了王后。国王把自己的写字台赏给了红衣主教。写字台非常华丽，镶嵌有成千上万颗珠宝。它有四个水晶墨水池和一只可装二十支毛笔的抽屉。这个红衣主教是司法大臣，他知道这个火枪手无罪，但把后者处死符合他的计划。在预定执行枪决的前一天，三个火枪手拜见了红衣主教，请求他开恩。红衣主教没有听从，于是这三个火枪手用剑逼他就范，并且让他写了释放文书，如下所示：

> 致看守队长
> 我批准立即释放火枪手安东尼奥。
> 他对所有指控无罪责。
> 签名：洛克玛普红衣主教

52

　　这封信盖有红衣主教的图章，并且卷起来之后又盖了他的章。红衣主教被绑起来，嘴被堵上，被锁在了自己的房间里。三个火枪手接着去接另一个火枪手，结果他们都被捕了。为什么？

提示

> 1. 这三个火枪手看见红衣主教写了这封信。
> 2. 这封信的格式和签章完全正确。
> 3. 红衣主教没有预料到这一举动，而且也没有给看守队长特别的指示。
> 4. 国王和王后不知道这里发生的事。
> 5. 这三个火枪手没有逮捕证。
> 6. 安东尼奥是那个将被处死的火枪手，他们去的牢房也正确。
> 7. 红衣主教没有报警。

答案编号 50

窃 贼

一个窃贼爬进一座房子，发出了很大的声响。他翻遍了整座房子，找到了最值钱的东西，然后带着财物向房子外面跑。正要跑出房子的时候，他发现警察已经在等候他了。房主没有提起诉讼，警察也没有深究这个案子。然而，这座房子的邻居被这阵骚乱惊醒了。他们冲出门看到这个窃贼后，坚持要逮捕他。发生了什么事？

提示

1. 这座房子装有报警器。
2. 窃贼所发出的声响惊醒了房子里的每个人。
3. 他必须迅速逃出房屋。
4. 他打算偷窃这一户人家。
5. 法官很仁慈。

53

答案编号 **51**

女警官

当一个人设法撬开一把锁准备进入房子时，女警官刚好发现。那人撬不开锁，于是打破了一扇窗户进去了。

女警官不是在值班，而且她没有揭发这次犯罪。为什么？

提示

1. 她认识房子的主人。
2. 当她后来去上班时，也没有上报这起事件。
3. 她知道住在那里的人没有危险。

54

搬运工

搬运工被要求把一座非常豪华的房子里的东西打包并且搬到另一个更加高档的地方。房子里的东西包括精美的金银餐具、珍贵的艺术品和非常昂贵的集邮册。其中一个搬运工禁不住诱惑，偷了一页邮票。结果房主被关进了牢里。这是为什么？

提示

1. 这不是保险诈骗。
2. 那个搬运工不认识房主。
3. 那个搬运工丢掉了工作，并且被捕了。
4. 每张邮票的价值都在一万美元以上。

答案编号 **53**

残忍的攻击

一个男人挤过人群，抓住一位躺倒的漂亮女士，向她的胸部猛击，随后把她带走了。人们很震惊，但没有人企图阻止这个男人。为什么？

提示

1. 他以前从来没有见过这位女士。
2. 警察和他一起离去。
3. 他没有携带武器，身体也不强壮。
4. 警察没有逮捕他。

56

答案编号 **54**

廉价购物者

一个收入很低的人想给家人买的东西超出了他所能支付的范围。他想了一个办法来帮助自己实现愿望。他擅长使用电脑，而且了解超市的系统是如何工作的。进入超市之后，他开始实施自己的计划。他选了满满一手推车物品到收银台结账，然而被捕了。为什么？

提示

1. 收银员向他要 120.25 美元。他同意付款。
2. 所有购买的东西是听、桶、罐或小包。他没有买水果和蔬菜。
3. 他经过了非常周密的计划，没有被超市里的摄像头察觉有什么异常情况。
4. 他在收银台拿出了一切东西，手推车里和自己身上都没有藏任何东西。

答案编号 55

父与子

乔的儿子非常健康，每天都出去工作，但他不是最聪明的人。乔现在已经是接近五十岁的人了，而且身体也不好。他感觉，即使让儿子先动手，他仍然能够击败儿子。乔的儿子从来没有击败过父亲。他接受了挑战，但还是输了。为什么？

提示

> 1. 乔从来都不是一个优秀的运动员。
> 2. 乔从不作弊，也没有寻求任何帮助。
> 3. 这其中没有任何摩托车或船只的参与。
> 4. 乔的儿子不是故意让父亲赢的。
> 5. 儿子先动手十秒钟。

答案编号 **56**

火 灾

夫妇俩刚盖好房子。因为夜晚会非常冷，所以他们想生一堆火取暖。室外的风速是 60 千米 / 时。他们不久就舒服地睡着了。数小时后，他们两个都死了。是什么出了错?

提示

1. 房子没有被烧毁。
2. 房子没有被风吹倒。
3. 他们没有窒息。
4. 他们不是被烧死的。

59

答案编号 57

医生错了吗？

一个农场工人从拖拉机上摔下来，擦伤了。他认为脚踝有可能骨折了。他被送往当地的一家医院。一个医生和他的实习助手刚开始查看，医生就立刻喊了起来："心跳停止！"抢救设备立即就被拿进了门诊区。诊断是正确的。过了五个小时，这个农场工人却回家了。这怎么可能呢？

提示

1. 农场工人是活着回家的。是有资格的医生允许他出院的。
2. 医生做的一切都是正确的。
3. 实习助手感谢这位医生采取了及时的行动。
4. 既不是脚踝的骨折也不是擦伤引起了心跳停止。

伪造大师

有史以来最好的伪造者事实上是最聪明的艺术家。他技艺非常精湛，因此情报部门密切注意着他以及与他有来往的人的动向。他们甚至用麦克风和摄像头监视他的家和工作场所。当他被要求复制新的 50 美元钞票时，这些措施就发挥了作用。警察决定在他还没有开始之前就搜查他的住址和办公场所。为什么？

提示

1. 不是看他是否有纸和墨水。
2. 不是看他是否有复印设备。
3. 搜查很成功。
4. 后来这个伪造者完美地复制出了这张 50 美元钞票，立即就被逮捕和监禁了。

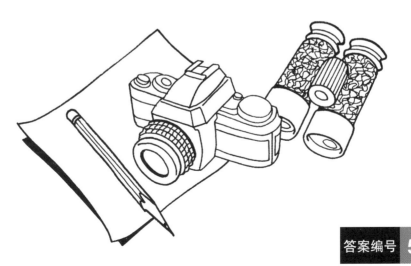

答案编号 **59**

高尔夫选手

两个高尔夫选手举行了一场挑战赛。一个成绩是 72 分，另一个成绩是 74 分。得分高的选手获胜。根据下面的提示，如何才能做到？

提示

1. 他们打了同样的障碍赛。
2. 他们两个的得分都正确。
3. 两个选手都没有被罚球，而且都是严格按照规则打的。
4. 得分较低的选手没有被取消比赛资格。
5. 这不是一个只有成绩为 74 分的选手才能参加的锦标赛。

答案编号 **60**

咖啡杯

一个盲人走进一家餐馆要了一杯咖啡。咖啡端上之后，他抱怨咖啡不够热，要求换一杯新的。咖啡端上来之后，他抱怨说是同一杯。他怎么知道？

提示

1. 杯子没有裂缝，也没有任何可区分它的东西。
2. 他不能根据杯子的温度判断。
3. 他没有在杯子外面留下粘手的标记或奶油。

63

疯狂的司机

在 一条三车道的高速公路上，为什么司机加速去撞他前面的一辆车？

提示

1. 他没有饮酒，也没有吸毒。
2. 他不认识前车司机。
3. 他的脚没有肌肉痉挛。他的行为是故意的。
4. 他不想伤害任何人。
5. 这不是由地震等自然因素造成的。
6. 这不是在飞跃一座断桥或道路中间的坑洞。

64

答案编号 **62**

震　惊

一个人炸毁银行杀了三个人。一个孩子看到这一幕惊呆了。孩子清楚地看到了整个事件的过程，而且是家里唯一的见证者，但警察不需要询问他。为什么？

提示

1. 这个孩子十二岁。
2. 孩子把自己看到的事情告诉了父母。父母没有报警。
3. 这家人不害怕后果。
4. 孩子不认识凶手，但是孩子能够清楚地描述凶手和整个事件。
5. 孩子没有撒谎。
6. 凶手没有自首。

65

答案编号 **63**

三角形

通 过画七条直线，最多可以形成多少个不重叠的三角形？

下面的图形中只有五个三角形，但是您可以做得更好。

答案编号 **64**

嫉妒的丈夫

三个嫉妒的丈夫与妻子一道用一艘小船渡河。男士为 A、B、C，女士为 a、b、c。小船一次只能乘坐两个人。六个人当中只有 a、b、c 三个人会划船。如果要保证任何一位女士在丈夫不在场的情况下不与其他男人在一起，那么他们六个人如何才能全部渡过河？

67

答案编号 65

困惑与谎言

大家都知道曾经有一家人非常笨拙。家里的男性总是说实话，而家里的女性则从来没有说过连续两句真实或不真实的话。

一天父亲和母亲带着一个孩子见了一位客人。客人问孩子："你是男孩吗？"但客人不理解孩子的回答。其中一个大人说这个孩子的回答是"我是一个男孩"。另一个大人说："孩子撒谎，她是女孩。"这个孩子是男孩还是女孩？孩子说了什么？

答案编号 **66**

根据时间做出
判断的横向思维精品

您 能够通过仅仅加一条直线而把 101010 变成 950 吗？

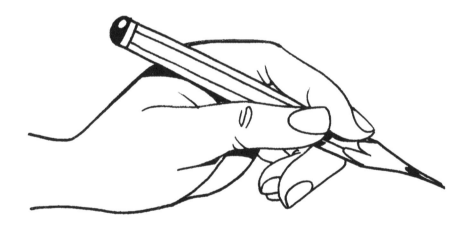

答案编号 **67**

赌　场

五个人坐在一个大赌场里玩，从晚上 10 点钟一直玩到凌晨 3 点钟。他们是专业人士，没有停下来休息，也没有其他人加入，他们当中也没有谁离开。他们一起玩，没有得到赌场里任何人的服务。他们自己记账。最后，他们带回家的钱都比开始时多。这怎么可能呢？

提示

> 1. 他们玩的不是老虎机等机器。
> 2. 他们不是在玩宾果游戏。
> 3. 他们回家时都没有输，而且只要他们在这个赌场玩就不会输。

答案编号 **68**

陆军下士

一个人坐在一家餐馆里大声朗读菜单，但只是读给自己听。"牛排和炸鸡7美元，牛排、鸡蛋和炸鸡8.50美元，色拉4美元……"服务生向他走去，说："您一定是个陆军下士。"服务生说对了，但他是怎么做出这个判断的呢？

提示

1. 他们以前没有见过面，这个人是独自一人。
2. 他们不是在一个陆军基地附近。
3. 这个人的声音没有打扰任何人。
4. 他没有像一个操练军士那样讲话。

71

答案编号 **69**

被遗弃者

查理在很小的时候就被遗弃了。生活不仅对于他来说是苦难，而且对他养父母来说也是苦难。他杀了养父母的后代，然而养父母仍然努力工作，使他存活了下来，而且有了一个家。查理年龄足够大时离开了养父母，再也没有回来。

虽然他还杀了自己的后代，但是警察和社会慈善机构都没有找查理麻烦。为什么？

提示

> 1. 他谋杀的时候与未成年无关。
> 2. 他的家族有准时的好名声。
> 3. 虽然他残忍地杀害了养父母的后代，但是养父母没有提起诉讼。
> 4. 他从没参过军，也没有社会保险号。
> 5. 他是在春天出生的。

猎豹与土狼

猎豹星期一、星期二和星期三撒谎，其他日子说真话。土狼星期四、星期五和星期六撒谎，其他日子说真话。

一天，一头狮子听到了它们的谈话。猎豹说："昨天我说了一天的谎。"土狼也说了同样的话。那天是星期几？

73

外星人会议

公元二一五六年，1000 个外星人出席了火星上的星际会议。

606 个人有三只眼睛。

700 个人有两只鼻子。

497 个人有四条腿。

20 个人不具备以上三种特征中的任何一种。

只有三只眼睛古怪特征的人的数量是只有四条腿古怪特征的人的数量的四倍。

220 个外星人同时具备所有三种古怪特征。

如果有 30 个外星人只有三只眼睛和四条腿的古怪特征，那么有多少个外星人只有两只鼻子的古怪特征？

74

庄园凶杀案

庄园的主人被谋杀了。庄园里的客人有艾比、博比和科林。凶手是其中一位客人，他来到庄园的时间至少要比另外两位中的一位晚。其中一位客人是侦探，他来到庄园的时间至少比另外两位中的一位早。侦探是半夜到的。艾比和博比都不是在半夜之后到达庄园的。博比和科林中较早到的一个不是侦探。艾比和科林中较晚到的一个不是凶手。谁是凶手？

答案编号 **73**

尘土之中

两个小孩在谷仓阁楼里玩耍。阁楼突然坍塌了，两个孩子摔在了下面的地上。当他们拍打身上灰尘的时候，其中一个的脸很脏，而另一个的脸很干净。只有脸干净的孩子出去洗脸。为什么？

提示

1. 他们两个都不需要冷水抑制擦伤，也都没有伤着。
2. 两个孩子都没有把脏手放在脸上。
3. 下面积满了灰尘。他们都出汗了。
4. 他们的脸没有贴到地面上。

76

进 化

三座无人居住的小岛之间距离很近，可以通过游泳在其间穿梭，但只能是一年中的某些时段。这取决于流经小岛之间的强流。一支自然考察队把动物 X 放在了 A 岛，把动物 Y 放在了 B 岛，把动物 Z 放在了 C 岛。岛上没有其他动物，也没有动物访问这些岛屿。

考察队数年后返回时，发现 A 岛上没有动物；B 岛上有动物 X 和 Y，而且还多了一种动物；C 岛上有与 B 岛上同种类型的动物，而且还有动物 Z 和另外一种新动物。您能说出这五种动物的名称吗？

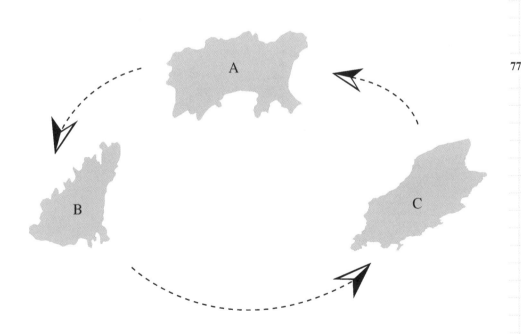

答案编号 **75**

满满一桶葡萄酒

一艘轮船失事之后，一桶葡萄酒被冲到了岸边，卡在了岸边的岩石上，但不太牢靠。岛上唯一的居民只有一只橡皮塞瓶子，塞子正好塞住酒桶顶端的一个洞。他还有源源不断的淡水可供饮用。他搬不动酒桶，因为害怕其中的葡萄酒流出，也不能把酒桶打破。如果不允许把水灌进桶里，而且他也不希望弄脏葡萄酒，那么他怎么才能够把葡萄酒灌进瓶子中？

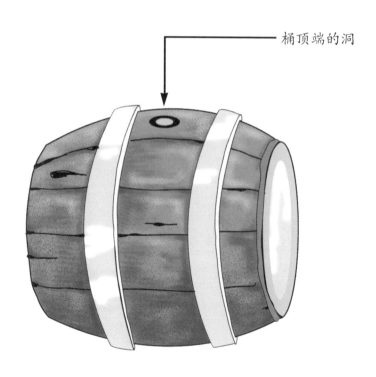

桶顶端的洞

答案编号 76

双胞胎引起混乱

位父亲总想要四个儿子。他的祖辈的家庭人口都很多，所以他没有怎么考虑这件事。然而，他晚年的时候很焦虑，因为他只有三个儿子。他的大儿子现在已经二十八岁，而且他已经把自己土地的四分之一作为遗产给了他。直到一件奇妙的事情发生，他才把其他的份额给了其他儿子。这个奇妙的事件就是他得到了双胞胎，而且两个都是男孩。他立即就把剩余的土地分成了四个形状相同而且面积相等的部分，给其他孩子每人一份。他是如何做到这点的呢？

大儿子
的土地

79

怎样欺骗妖怪？

国王有一盏神灯，里面装有一个妖怪。他还有一个非常爱阿拉丁的漂亮女儿。国王不喜欢阿拉丁，不希望他们结婚，但他也不想让女儿生气。于是有一天，他在神灯上擦了擦，与妖怪一起制定了一个计划。妖怪说："您把阿拉丁找来，我将拿出两只信封让他选择自己的命运。我们将告诉他其中一只信封里写的是'结婚'，另一只信封里写的是'放逐'。阿拉丁必须选择其中一只信封。而其实，我的两只信封里写的都是'放逐'。"

阿拉丁该怎么做，才能娶到国王的女儿呢？

答案编号 **78**

车坐标

您的车车头朝东，停在一条笔直的公路上。您上车后发动汽车，一段时间之后，您到了上车处西面四千米的地方。

这是怎么回事?

提示

1. 这辆车没有盘旋能力。
2. 不是在拖车上，也没有被拖拉。
3. 您没有环球旅行。
4. 您不能把车调头。

81

答案编号 **79**

能加起来吗?

两位母亲和两个女儿去买新衣服参加一场婚礼。她们回来时都有一件新衣服,但她们只买了三件衣服。这是怎么回事?

采石场

大个子艾尔和小个子乔刚刚抢劫了一家珠宝店，但警察在他们后面不远处。他们逃到了一座废弃的采石场附近，小个子乔曾经在这里工作过。他们停下来，把装有珠宝的口袋丢在了采石场的边上，并且看到它落在了何处。为了确保藏好珠宝，他们在口袋落地之处扔了一些干沙。二十秒钟之后，他们寻遍了采石场的边缘，但是没有见到口袋，只看到干沙已经与下面潮湿的沙土混合在了一起。警察在三千米远的地方逮捕了他们，后来由于缺乏证据而释放了他们。大个子艾尔第二天杀了小个子乔，而且逃脱了惩罚。这是为什么？

提示

1. 他们两个都没有告诉警察到哪里找珠宝。
2. 没有动物、鸟或人移动珠宝。
3. 珠宝就在藏匿的地点不见了。
4. 大个子艾尔晚上没有拿珠宝，而且他也没有怀疑小个子乔拿过珠宝。小个子乔没有怀疑大个子艾尔动了珠宝。
5. 他们清楚地记得藏匿珠宝的确切地点。
6. 他们放置了一个警告标志以防止有人从上面偷看。

答案编号 **81**

魔术师

魔术师的桌子上正冒着干冰产生的烟雾。他用魔杖轻轻敲了敲冒烟的金属球，把它放进一只木头盒子中。盒子放在托盘上让大家都能看见。过了一会儿，球不见了。怎么用科学解释这个现象？

提示

> 1. 那是一只固体金属球。
> 2. 盒子底端有一个小洞。
> 3. 金属球比洞要大三十倍。
> 4. 盒子很热。

84

答案
Answer

1. 登山运动员

  他们去目的地乘坐的是游船。船身在晚上被撞坏了，他们的船舱在吃水线以下。由于水的压力把门堵上了，所以他们无法逃生。救生员来得太迟，没有来得及挽救他们的生命。

2. 上升

  这座山是在海底下的，是自然的浮力把他提升到了山顶。

3. 平均分配

  第一个孩子有 10 枚 25 美分的硬币，第二个孩子有 16 枚 10 美分的硬币，第三个孩子有 26 枚 5 美分的硬币。

4. 我的作业是正确的！

  他在表示时间的钟点数上加小时数。10 点钟 +7 小时 =5 点钟。

5. 我们要去一个闹鬼的地方！

  将前一季度闹鬼房间的房间号码乘以前一季度两次闹鬼之间的天

数，再减去两次闹鬼之间的天数。每个季度两次闹鬼之间的天数都比前一季度增加一天。9×4－4=32，因此第四季度闹鬼将是在 32 号房间，每隔五个晚上闹一次鬼。

6．9 的循环

麦克弗森部落被分配的号码是：5，6，7，8，9，12，16，18，19，22，23，24，26，27，30。如果从 1 开始数，那么船上所有麦克弗森部落的人都必须离开。

7．一丝不挂的国王

这是一场生日游行。所有的参与者都拿着一张他们出生时的照片。

8．彩票中奖

330000 美元（相邻两级奖金之间的差额为 15000 美元）。

9．尼龙滚珠

他掉进了一只储藏箱中，沉到了底部，最终窒息而死。

10．赌马人乔

他下的赌注是手术两周前的一场比赛，那匹马在比赛中并未获胜。报纸登出的是那匹马在手术前一天的比赛结果。

11．选择国王

只有不聪明的那个孩子是男孩。

12. 空气污染的问题

化工厂东侧没人居住。

13. 蚂蚁正面相撞?

它们要求不同时在钢筋上行走。

14. 球星退役

整个上半场和下半场的前 10 分钟他为自己的俱乐部踢。在前半场他为俱乐部踢进了 2 个球。然后,他被从场上叫了下来,受邀为国家队踢完剩余的 35 分钟,又踢进了 2 个球。决定胜负的一球为俱乐部队踢进的乌龙球,与他无关。

15. 赛道上的混乱

3 号车的驾驶员是 7 号车驾驶员的母亲。

16. 小小育种员

三只都是雌鹦鹉。

17. 谁是真正的谎言大师?

是囚犯 D。他撒了两个谎。

18. 漏水的管道

第二个漏洞在管道的中部。上半部分的水在一个小时后漏完,于是只剩下一个漏洞,又用了两个小时把另一半水漏完。

19. 公交车司机

这两个公交车司机,一个是男孩的母亲,另一个是男孩的父亲。

20. 花束

　　1. 5束　2. 17束　3. 4束　4. 10束　5. 38束

21. 球迷

　　当他在庆祝的时候，下雨了。他首先涂上去的蓝色颜料是不溶解的，但为了产生绿色，他在蓝色颜料上面涂抹了黄色颜料，而黄色颜料是可以溶解的，结果就被雨水冲刷掉了。

22. 森林大火

　　为了灭火，消防队从最近的湖泊中运水。当他们装水的时候，他们把这个潜水员也装了进去。水被倾倒下来灭火，同时这个潜水员也被扔了下来，摔死了。

23. 液体池

　　他掉进了一个盛有水银的储藏池里。他被送往医院进行净化消毒，因为水银会引起健康问题。在室温下，水银不会弄湿皮肤。

24. 停车场过于拥挤

　　使所有的车位与墙呈直角。

25. 快递员的等候

　　他在一艘船上，必须等到下一次涨潮才能够进入卸货码头。

26. 跳到安全地带

　　他的房子建在山坡斜坡上。他跳下去的是海拔高的一边。

27. 班级

　　詹姆斯是一名老师。

28. 消失的快乐

袋子里装的是棉花糖。雨水流进了袋子上面的洞里，于是棉花糖就融化成了少量的粉红色液体。

29. 邋遢的吃客

他拿的是罐头水果，或者是事先已经加工好的水果。

30. 窗帘店

这对窗帘还有横条纹，因此它们是方格图案。

31. 失踪的人

他融化了。他是一个雪人。

32. 洗盘子

不管用。具有决定作用的那个阄出现的概率在每轮都是一样的。随着时间推移，那个孩子（除非很不幸）在星期天洗盘子的次数会和其他孩子一样多。

33. 二十世纪三十年代

这是一架水上飞机。第一个着陆点是水域，暴风雨太猛烈，因而着陆不安全。于是飞行员转向了陆地上的一座机场。

34. 危险的邻居

马克。警察把纸条理解为："审问马克·普里斯（Question Mark Price）！"

35．最后一趟列车

他看到的钟表是映像。正确显示的时间是 12:45，但由于表盘上没有数字，因此映像中看是 11:15。

36．倒霉的锁匠

在布置好自动启动系统之后，锁匠与经理一道被关在了里面。他在房间里从经理手中接过最后几件物品。房间里没有灯，而且锁从里面不能打开。

37．玻璃头像

这两个部分被排成一列，用坠有重物的细线引导头部向下。将几堆糖或其他溶解于水的材料堆放在柱基上的构想位置。头部被放下，绳索移走，然后向这几堆东西上喷洒水，从中间几堆开始喷（也可以使用干冰）。

38．船夫的问题

需要摆渡九次。把五个孩子按照年龄升序排列分别标为 A、B、C、D、E，把河的两边分别标为"此岸"和"彼岸"，从而创造出下表：

摆渡次数	此岸	船上的孩子	彼岸
1	A, C, E	B, D	无人
2	A, C, E	B	D
3	B, E	A, C	D
4	B, E	A, D	C
5	B, D	A, E	C
6	B, D	C, E	A
7	B, D	C, E	A
8	B, D	无人	A, C, E
9	无人	B, D	A, C, E

每个孩子有三次单程摆渡。

39．家庭问答

"你在家吗？"或"你在吗？"等。

40．埃及谜王

这个立方体有两个对角的燕尾槽。顶部可以呈 45 度角推开。

41．球靶练习

头一天晚上下雪了，所以他们打扫了院子，做了雪球。雪球投掷后会粘在谷仓门上，之后就融化了。

42．萨莉的沐浴

通向浴盆的管道冻结了，出水孔也冻结了。因此，只要萨莉不放热水，水将停留在浴盆里。

91

43．抢劫

这位客人在打嗝。看到戴面罩的持枪人而受到惊吓，与喝水具有相同的作用。

44．飞机

这是早期的商用喷气式飞机。彗星号是第一架飞越大西洋的喷气式客机。它比其他商用飞机飞得高、飞得快，所以就承受了比其他飞机更大的压力。当机身内的压力比外部压力大时，问题就来了。设计师觉得最好通过向机身内注水来模拟压力环境。这种方法发现了许多设计上的缺陷，尤其是窗户四周的缺陷。这些发现使所有喷气式飞机的飞行都变得更加安全了。

45. 继承来的房子

大海已经侵蚀了悬崖，距离花园还有三十米。专家告诉杰米，五年之后整座房子将全部处于大海中。他觉得，保护房子免遭继续侵蚀太不合算。

46. 便宜货

这个地方将被填海造地，用作工业用途。富翁的公司拥有开垦合同。这片地不久将值很多钱。

47. 消防演习

人们发现学校外面有一群杀人蜂。

48. 曲止寿终

音乐与电灯处在同一电路。急救装置和呼吸机连在另一条电路上。当时是夜间，当音乐停止的时候，灯也熄灭了。在一片混乱中，其中一位客人不小心切断了某个重要的设备，于是祖父去世了。

49. 手提箱里的装尸袋

弗洛伊德是位木偶戏演员。尸袋里装的是他的木偶。

50. 红衣主教洛克玛普

其中一个墨水池中装的是可以消退的墨水。看守队长除了签章之外什么也没有看见，于是在见到红衣主教之前，他先逮捕了三个火枪手。

51. 窃贼

窃贼在这座房子的邻居家偷窃时，发现这座房子着火了。他立即跑进这座房子里按响了火警。检查房子的时候，他发现两个孩子被烟熏倒了。这座房子的邻居听到骚乱后出门，看见自家丢的东西仍然在窃贼的手里。

52. 女警官

那是她丈夫在进入自己的房子，因为他们把钥匙锁在了屋里。

53. 搬运工

搬运工把偷来的邮票拿到那座城市最大的邮票交易商那里卖。交易商认出那是数年前自己店中被盗的邮票。他报了警，于是警察逮捕了房主和搬运工。

54. 残忍的攻击

这位女士在一家大型购物中心里心脏病发作，心脏停止了跳动。那个男人是正好路过的一名医生。他使她的心脏恢复了跳动，把她放进自己的车里，在警察的护送下径直朝附近的一家医院赶去。

55. 廉价购物者

他用从同种商品小包装上揭下来的条形码替换了所有购买物品上的条形码。他所购买的物品都是大包装，实际价格至少应该高三倍。收银员看到其中一个条形码松动后就报了警。

56. 父与子

乔在象棋比赛（或类似的比赛）中击败了儿子。

57. 火灾

这对夫妇是探险家。他们为自己建造了一座圆顶冰屋。他们睡着的时候，火太大，结果融化了墙壁。他们两个因体温过低而死。

58．医生错了吗？

是实习助手出现了心跳停止。医生的快速行动挽救了他的生命。农场工人经过检查，在脚踝上临时打了石膏，之后被允许回家。

59．伪造大师

他们想在他的公寓里用一张有缺陷的 50 美元钞票替换这张新的、作为复制母版的 50 美元钞票。那张钞票的缺陷是独一无二的。这样，当更多这样的钞票流向市场的时候，就能追踪到他。

60．高尔夫选手

他们是在会所玩投镖游戏，看谁三镖投出的总分高。

61．咖啡杯

他在第一杯咖啡里放了糖。

62．疯狂的司机

他看见有辆车从道路另一侧横切过来。那辆车的方向盘失灵了，径直朝他冲来。他被挡住了路。他没有与这辆车正面碰撞，这样有可能使两车司机都丧命，于是他轻轻地碰了他前面的车。

63．震惊

孩子是在电视上看到的。

64．三角形

65．嫉妒的丈夫

此岸	船上	彼岸
ACac	Bb	无人
ACac	B	b
ABC	ac	b
ABC	a	bc
Aa	BC	bc
Aa	Bb	Cc
ab	AB	Cc
ab	c	ABC
b	ac	ABC
b	B	ACac
无人	Bb	ACac

66．困惑与谎言

如果您说孩子是男孩，那么第二个说话的大人一定是母亲，她的第一句话一定是一个谎言，第二句话是真实的。但是这家的男孩不撒谎，因此这个说法不对。如果您说孩子是女孩，而且第一个说话的大人是父亲，那么第二个说话的大人一定是母亲，她的第一句话是真实的，第二句话是谎言。在这种情况下，孩子说的是实话，应该说的是，"我是女孩"。这意味着第一个说话的大人撒谎了，但男性从不撒谎，因此这种说法也不对。因此推断第一个说话的大人是母亲，孩子说的是"我是男孩"。母亲和孩子说的第一句话都是谎言。这个孩子是女孩。

67．根据时间做出判断的横向思维精品

10T010（Ten to Ten，即 10 点差 10 分，也就是 9 点 50 分。）

68. 赌场

他们是一个乐队，在赌场里玩乐器，为客人演奏背景音乐。赌场付给他们钱。他们不赌博。

69. 陆军下士

他穿着制服。

70. 被遗弃者

查理是一只布谷鸟。

71. 猎豹与土狼

星期四

72. 外星人会议

127 个

73. 庄园凶杀案

艾比

74. 尘土之中

一个孩子跌下去后是站着的，因此脸上没有覆盖灰尘。当他看到自己朋友的脸被灰尘覆盖时，他认为自己的脸也一定很脏；而他的朋友仅仅看到了他干净的脸，就认为自己的脸是干净的，不需要洗。

75. 进化

A 岛上的动物 X 是公驴。B 岛上的动物 Y 是马。C 岛上的动物 Z 是母驴。B 岛上的新动物是公驴和母马杂交所生的骡子。C 岛上的新动物是公马和母驴所生的骡子。

76. 满满一桶葡萄酒

他用淡水清洗了一些小鹅卵石和沙子，把它们洗净晾干之后装入瓶子。然后他把瓶颈放进桶顶端的洞中，将鹅卵石和沙子倒进酒桶中，同量的葡萄酒便进入瓶子中。

77. 双胞胎引起混乱

78. 怎样欺骗妖怪？

阿拉丁选择了一只信封，但没有打开就把它撕成了碎片。然后他要求国王读他没有选择的那只信封里的内容。

79. 车坐标

您在倒车。

80 能加起来吗？

她们是外婆、母亲和女儿。两个是母亲，两个是女儿。

81. 采石场

珠宝被扔到了流沙上。小个子乔忘记了这一点，但大个子艾尔让他拿回珠宝。小个子乔尝试时沉了下去，没有留下任何痕迹。警察甚至不知道小个子乔死了。

82．魔术师

球是用凝固的水银做的。水银熔化后通过下面的洞流到了一个玻璃容器中。盒子里面是干燥的。

Puzzle

逻辑推理谜题

瑞士银行密码

个人把他的瑞士银行账户的密码刻在了自己的皮带扣上。直到临终，他也没有把这个秘密告诉家人，但是他在遗嘱里说，无论谁破解这个密码，都可以得到他在瑞士银行保险箱里的东西。您能够破解这个密码吗？

DID = IIF
BAD = AG
CCE = ACCB
HEG = ADCC + GG
号码   F C G B
打开箱子

答案编号 **1**

培训火车司机

一座火车站有一条椭圆形轨道，带有两个分支线路，被用于训练火车司机对非常情况的应对能力。老师给实习司机出了下面的问题：

把装载物 A 移动到位置 B，把装载物 B 移动到位置 A，同时不能让装载物穿越隧道，并且最后要让火车头回到它的起始位置。实习生如何才能做到这一点？

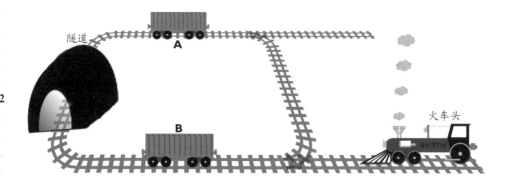

平方米

一块矩形田地的周长是 3000 米。如果您能够把它改造成任何图形，那么能够包含在这个周长之内的最大面积将是多少？

答案编号 **3**

事实还是虚构

传说早期的罗马日历起源于公元前七八世纪的罗马市，是由瑞摩斯的兄弟罗穆卢斯在自己二十一岁那年的二月绘制的。今天，现代历史学家对此说法的正确性提出了异议。您知道为什么吗？

答案编号 **4**

把水向上移动

您有一盘水、一只大口杯、一只软木塞、一根大头钉和一根火柴。

您必须把所有的水都弄到大口杯中。您不能把这盘水端起来，也不能向任何方向倾斜，而且您不能使用其他任何设备把水装入大口杯中。如何才能做到这一点？

水

秘密信息

外国势力雇用了一名记者，让他找出一个绝密项目中使用的化学品。他没有可以传递信息的联系人。他被要求把化学品的名称伪装在四月一日报纸的个人专栏的一篇评论中，外国势力将通过破解他的密码获得信息。只有记者知道如何传输信息以及使用的密码，但是这个外国势力知道信息包含有一种气体和其他六种元素或化学品的名称。这条信息包含在下面这句话中：

> *Jacob-Alter Augusts trip to Germany to the unfair one on the Nile.*

您能找出其中隐藏的信息吗？

答案编号 **6**

时间的秘密

一个年轻人说:"前天我是十七岁,但是今年我将十九岁。"这可能吗?

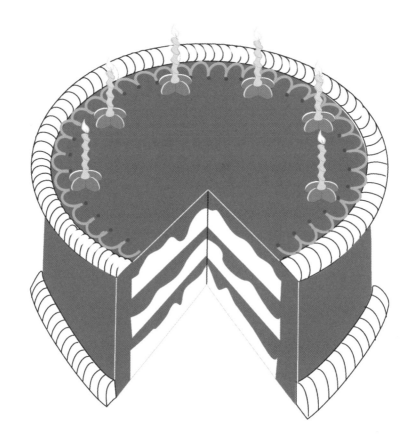

答案编号 **7**

火柴逻辑思维谜题1

拿走四根火柴，您能否重新排列剩余的火柴，使得第一行、第三行、第一列和第三列仍然有九根火柴？

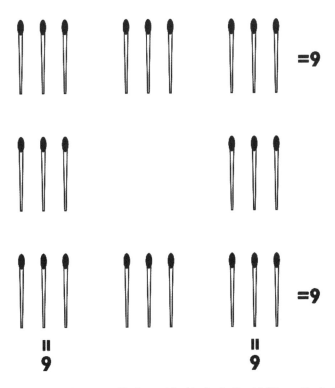

只有最偏离常规的横向思维者才会发现第二种方法。您能发现吗？

答案编号 **8**

火柴逻辑思维谜题2

1. 通过移动两根火柴，您能够把正方形的数量增加两个吗？

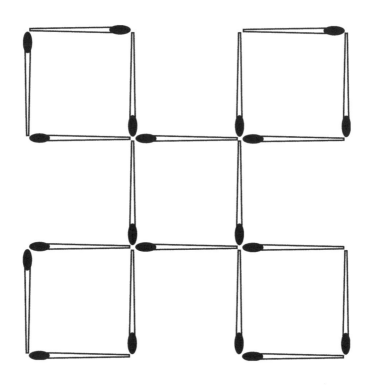

2. 通过再移动一根火柴，您能够把正方形的数量再增加两个吗？

前脚向前

— 个人的右脚朝着正北，迈了一步后他的左脚朝着正南。这怎么可能？

提示

1. 他没有在中途转向。
2. 他的双脚都指着同一方向。
3. 他的右脚最初放在地上的时候没有扭转。

答案编号 **10**

关于"我是什么"的逻辑推理

1. 我是什么？

　　我已经存在一千多年了，但是我的长相和形式已经随着时间的流逝而改变了。

　　我曾经是一种机械构造，自从二十世纪三十年代后，我成了现在的电子装置形式。

　　我现在的形式已经被微型化了，在校学生和成年人几乎都用我。

　　您已经依靠我帮助您好多年了。

110

答案编号 **11**

关于"我是什么"的逻辑推理（续）

2. 我是什么？

我生育，但是我是雄性。

我的身体被连续的环行盔甲覆盖。

我有一个长长的管状鼻子，生活在温暖的水域。

我的眼睛能够各自独立工作。

我不是哺乳动物。

3. 我是什么？

我是一种舞蹈。

我于二十世纪四十年代在西欧和美国流行开来。

我有简单的向前和向后的舞步，伴随着身体的倾斜和晃动。

给我伴奏的音乐是 4/4 节拍，有切分的节奏。

我起源于南美洲这一点很容易泄露我的名字。

我是快乐的舞蹈，在我的起源国非常流行。

答案编号 **11**

服务生的命运很不幸

一个服务生在一家酒店里为 51 位客人端蔬菜。其中有豌豆、胡萝卜、花椰菜。只要豌豆和胡萝卜的客人比只要豌豆的客人多 2 位。只要豌豆的人数是只要花椰菜的人数的两倍。25 位客人不要花椰菜，18 位客人不要胡萝卜，13 位客人不要豌豆。6 位客人要花椰菜和豌豆，但不要胡萝卜。

1. 多少客人三种蔬菜都要？
2. 多少客人只要花椰菜？
3. 多少客人只要其中的两种蔬菜？
4. 多少客人只要胡萝卜？
5. 多少客人只要豌豆？

112

答案编号 **12**

火车司机

您正在驾驶一列火车。它停靠在米尔顿-凯恩斯，有 25 个人上车。然后它开到莱斯特，有 55 个人上车，43 个人下车。下一站是诺丁汉，有 3 个人下车，1 个人上车。火车继续前行，到达唐开斯特，有 19 个人上车，13 个人下车。下一站是约克，是它的终点。然后火车司机也下车了，在洗手间里照镜子。火车司机的眼睛是什么颜色？

没有提示。应该很容易回答。

答案编号 **13**

干洗店的困惑

在一家干洗店，只送洗夹克衫的顾客比只送洗裤子的顾客多1位。送洗裤子、夹克衫和衬衫的人数是只送洗衬衫的人数的三倍。送洗夹克衫和衬衫但没送洗裤子的人数，比送洗衬衫和裤子但没送洗夹克衫的人数多1个。9个人只送洗了裤子。只送洗夹克衫的人数，与送洗裤子和衬衫但没送洗夹克衫的人数一样多。32个人没有送洗衬衫，24个人没有送洗夹克衫。

1. 多少人三种衣物都送洗了？
2. 多少人只送洗了三种衣物中的一种？
3. 多少人只送洗了夹克衫？
4. 多少人送洗了三种衣物中的两种？
5. 这家干洗店的顾客总数是多少？

113

答案编号 **14**

州长的宴会

州长想举行一场非常小型的宴会。他邀请了父亲的姐夫、哥哥的岳父、岳父的哥哥、姐夫的父亲。被邀请的最少数量的客人是多少？

答案编号 **15**

纸模困惑

用一张矩形纸，您能做成如图所示的模型吗？您可以剪三条直线。纸模不能用胶水粘贴，也不能用夹子夹。

114

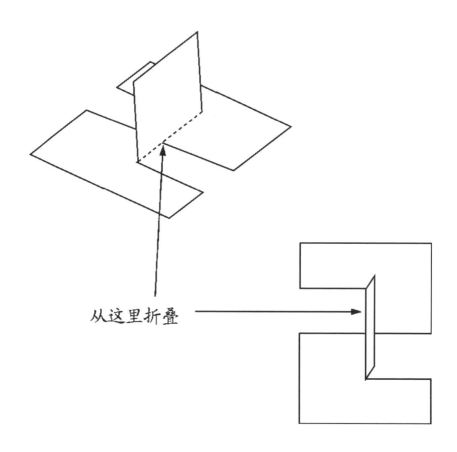

从这里折叠

混乱的家庭关系

1. 从澳大利亚回国的艾丽丝想见见所有的亲人，于是她组织了一次聚会。她邀请了她的母亲、她母亲的嫂子、她的姐姐、她姐姐的婆婆、她婆婆的姐姐、她嫂子的母亲、她的邻居。如果所有的邀请都被接受了，那么最少有多少人参加聚会？不允许有非法关系。

2. 一个家庭有五个孩子，其中有一半是男孩。这怎么可能？

答案编号 **17**

115

寻找简单的解答

如 果下面所有字母的值都与它们在字母表中的顺序数相同，那么这个乘法序列的最终乘积是多少？

$$(t - a)(t - b)(t - c) \cdot \cdot \cdot \cdot \cdot \cdot \cdot \cdot \cdot \cdot (t - z)$$

答案编号 **18**

露天比赛

在一场露天比赛中，选手们每人有三支镖，奖品是泰迪熊、跳棋或啤酒杯。有 4 个人赢得了泰迪熊和跳棋，但没有赢得啤酒杯。赢得啤酒杯和泰迪熊但没有赢得跳棋的人数，比赢得啤酒杯和跳棋但没有赢得泰迪熊的人数多 2 个。获奖选手中有 43 个人没有赢得泰迪熊，48 个人没有赢得跳棋。9 个人赢得了啤酒杯和泰迪熊，但没有赢得跳棋。31 个人没有赢得啤酒杯。74 个人至少赢得了一个奖项。

1. 多少人只赢得了一只泰迪熊？
2. 多少人三个奖项都赢得了？
3. 多少人只赢得了一只啤酒杯？
4. 多少人只赢得了两个奖项？
5. 多少人只赢得了跳棋？

您认为自己擅长数学吗？

您能把下面的加法调整一下，从而制造出一个答案为 100 的算式吗？每个数字只能使用一次，但您可以添加任何数学符号。

$$\frac{6\ 1}{1\ 8}$$

答案编号 **20**

汽车问题

当您开着车向前行进的时候，车上有没有什么部件看上去是向后退的？

答案编号 **21**

事故现场的警察

一个小男孩在居住的小区里骑自行车。他沿着没有出口的道路上下行进，进出树林。不幸的是，他猛地转了个弯，自行车的前轮撞到了路边石栏上。小男孩从自行车上摔了下来，不省人事。幸运的是，事故现场有一个警察。按道理，他可能叫了救护车，事故的所有细节和证人的证词都被记录了下来。但实际上这些都没有做。为什么？

答案编号 22

118

每十人杀一人

在古罗马时代，受罚的士兵要站成一排，每十个人中会有一人被杀。这就是英文单词 decimate（每十人杀一人）的起源。如果您是排着队围成一个圆圈的一千名士兵中的一个，隔一个杀一人，直到最后只剩下一个。站在哪个位置您才能活下来？

答案编号 23

孩子们的年龄

一个人有九个孩子。他们出生的时间间隔很有规律。孩子们年龄的平方的总和等于父亲年龄的平方。孩子们的年龄各是多少？

答案编号 24

119

随机选择

您被蒙上了眼睛，要求您把一只红色的袜子放到一只红色的口袋里，一只蓝色的袜子放到一只蓝色的口袋里，一只白色的袜子放到一只白色的口袋里，一只黄色的袜子放到一只黄色的口袋里，每只口袋里只能放一只袜子。第一次您有多大机会可以把这四对中的三对搭配起来？

答案编号 25

A & B

将 B 加 A，然后除以 3，

将得到 B 的平方。

而且 B：A 是 1：8。

想一想 A 和 B 分别是多少。

答案编号 26

清仓大甩卖

我 在甩卖会上买了三批 T 恤衫，总价是 260 美元。每批的价格和数量都不同。在每批中，T 恤衫单价的美分数与那批 T 恤衫的数量相同。如果我买了 260 件 T 恤衫，您能告诉我每批的数量吗？

答案编号 27

RECTOR总和

如果这个加法中的每个字母都用一个数字替换，您能确定每个字母的数值吗？

```
    C E L L A R
    C O R P S E
    C O L L A R
    C L O S E
      C A S E
+     C O P S
  ─────────────
  R E C T O R
```

答案编号 28

牙 签

1. 通过仅仅移动下图中的三根牙签，您能制作四个等边三角形吗？必须用上所有的牙签。

2. 通过仅仅移动下图中的三根牙签，您能制作七个三角形和三个菱形吗？

3. 用六根等长的火柴制作一个由四个等边三角形组成的图形。

答案编号 **29**

牙签（续）

4. 通过仅仅移动两根牙签，您能调整下面的图形，制作出同样大小的八个正方形吗？

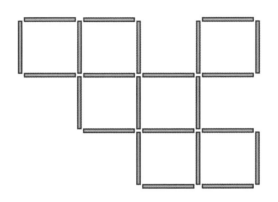

5. 通过移动下面图形中的两根牙签，您能够制作出十五个正方形吗？

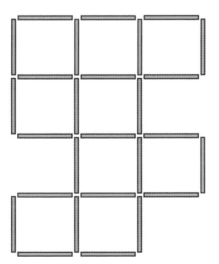

答案编号 **29**

旋　转

运 用第一个网格的逻辑，完成后面不完整的网格。

答案编号 **30**

复杂的数字和字母网格

1.

	A	B	C	D	E	F
a	7	9	6	5	3	3
b	4	6	3	7	0	3
c	9	2	4	1	1	4
d	5	8	2	7	2	6

7	7	5	6	1	9
4	9	6	6	0	0
3	5	1	9	0	6
8	9	4	6	?	?

2.

	A	B	C	D
a	F	D	N	V
b	J	I	O	Z
c	M	Q	H	Q
d	G	A	L	Y

R	U	F	U
P	N	E	W
B	A	J	?
Q	W	M	?

125

答案编号 **31**

复杂的数字和字母网格（续）

3.

	A	B	C	D	E	F
a	7	8	3	5	7	9
b	3	7	4	5	2	9
c	2	2	1	2	2	2
d	4	2	7	5	0	8
e	6	5	9	8	6	4
f	8	2	1	7	5	6

9	1	6	8	4	5
8	3	2	8	8	2
3	0	?	3	1	1
0	9	?	4	9	9
6	4	9	9	1	5
7	1	4	9	6	7

126

4.

	A	B	C	D
a	5	9	10	16
b	8	8	5	4
c	4	36	2	8
	10	2	25	8

20	14	8	12
3	4	16	4
6	7	?	6
10	8	4	8

答案编号 **31**

改变单词

每次仅仅改变一个字母，创造出一个新的单词。在给出的两个单词之间您能够找出最短的路线把第一个单词变成第二个单词吗？字母的顺序可以不改变。

1. SEAT   –   TRAM   （三次改变）
2. HEAD   –   TAIL   （四次改变）
3. STONE   –   BRICK   （七次改变）
4. WHITE   –   BLACK   （七次改变）
5. HERE   –   JUNK   （五次改变）
6. FAIR   –   RIDE   （六次改变）
7. WRITE   –   CARDS   （五次改变）
8. BROWN   –   TREES   （四次改变）
9. GLASS   –   CHINA   （六次改变）
10. GREEN   –   BLACK   （六次改变）

127

答案编号 **32**

幻 方

您 能否完成这两个幻方图，使得下面每个项目的总和都等于 34？1-16 之间的每个数字只能使用一次。

横向	**= 34**
纵向	**= 34**
对角线	**= 34**
中央四个数字	**= 34**
四个角上的数字	**= 34**

128

1.

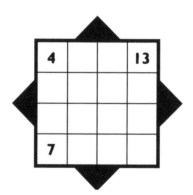

2.

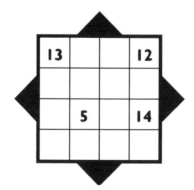

灭绝？我不这么认为

一种动物灭绝，而且这种动物的所有后代也被毁灭了。然而，它能够在两年内重新生活在这个世界上。您能想象出这样一种动物吗？

答案编号 **34**

消防站的位置

下图表示消防车在城市之间穿行所花费的时间。您需要确定一个消防站的位置，使得到最远的地点所用的行驶时间最少。

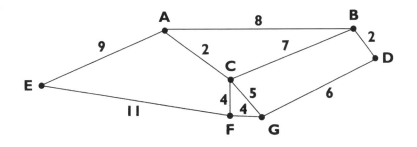

答案编号 **35**

兔子家族

如 果一个兔子家族中每只雄兔的雌性亲属比它的雄性亲属少 1 只，每只雌兔的雄性亲属比它的雌性亲属的两倍少 2 只，那么有多少只雄兔和雌兔？

答案编号 36

奇怪但真实！

130

美 国内战爆发前，两位名人决斗。挑选助手的时候，也要选择武器。有人建议用手枪，但其中一人反对，说这对他不公平。其中一个决斗者个头比较高，因此目标比较大，而另一个决斗者个头小，因此目标比较小。怎样解决这个问题？

提示

> 1. 建议来自个头小的那个决斗者和他的助手。
> 2. 他们仍然能够同时用传统的方式开枪。
> 3. 他们两人都只有一发子弹。

答案编号 37

变速箱

下面的变速箱由四个齿轮组成，有互相啮合的齿轮和两条传送带。如果48齿的大齿轮顺时针方向旋转10转，这个装置底端齿轮上的箭头将指向哪个方向？它旋转了多少转？

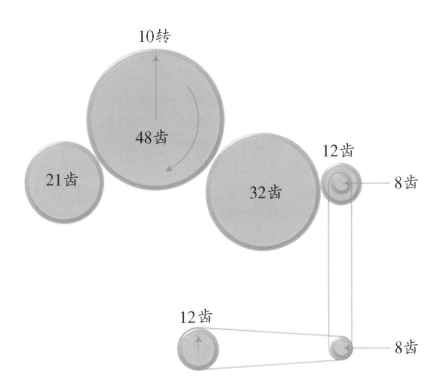

答案编号 **38**

链　环

问 号处应该填入什么数字？

1.

8752	4524	1080
6978	5382	4346
7388	6424	?

2.

7628	5126	3020
9387	6243	1088
8553	2254	?

3.

9337	56	−1
8725	62	4
4821	?	−5

等　分

将 这两个网格分成四个相同的形状，使得每个部分中的数字之和等于下面给出的值。

1.

总和 50

8	8	3	6	5	5
8	4	4	7	7	4
5	5	5	8	3	5
9	8	3	4	7	3
7	5	9	3	5	8
6	4	4	8	3	4

133

2.

总和 60

9	6	8	8	2	5
7	4	5	8	6	9
8	8	7	7	6	9
9	6	8	9	6	8
6	4	6	8	5	4
7	7	5	8	7	5

经典汽车

位英国经典汽车收藏家接受邀请到美国汽车拉力赛上去展出自己的一项收藏。他发现在美国每加仑燃油所行驶的英里数与在英国不一样。为什么？

提示

> 1. 燃油是来自同一家石油公司的，具有相同的辛烷值。
> 2. 他长距离和短距离都测试过了。
> 3. 不是因为山坡的缘故。
> 4. 与潮湿没有关系。

答案编号 41

结清债务

如果所有的债务都需要用支票支付，那么要结清下面的债务最少需要多少张支票？

安欠彭妮 20 美元。彭妮欠玛丽 40 美元。

玛丽欠克莱尔 60 美元。克莱尔欠安 80 美元。

答案编号 42

数字链接

下面谜题中的两个单词与这些数字有联系。您知道缺失的数字是什么吗?

C	73	H
H	289	O
U	882	U
R	685	S
C	34	E
H	?	S

135

十一张牌的骗局

这个游戏中，取走最后一张牌的人为赢家。两个玩家每次可以取一张或相邻的两张牌。玩家 1 从中间开始。如果玩家 1 取走一张牌，然后玩家 2 从圆圈的对面取走两张牌，使得这些牌被分成两组，每组四张牌。如果玩家 1 第一步取走两张牌，玩家 2 就只能取对面的一张牌，仍然把这些牌分成两组，每组四张牌。玩家 2 需要采取什么策略才能够赢得每场比赛？记住：只有相邻的两张牌才能够被一次取走。

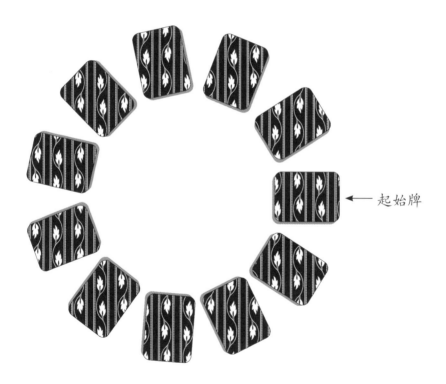

←—— 起始牌

答案编号 **44**

毯　子

一个人携带一条毯子走上山顶，一百多人因此而丧生。为什么？

提示

1. 这些人不是因为窒息而死的。
2. 毯子起初很干净，但后来变脏了。
3. 毯子和人都没有携带病毒。
4. 这是一项危险的工作。

137

答案编号 **45**

铁路工人

两个铁路工人正在维修一条铁路线，突然一列火车呼啸着向他们全速驶来。火车司机不知道他们在铁轨上干活，因此没有可能减速。两个工人沿着火车正在使用的两条铁轨径直奔向火车。为什么？

提示

> 1. 他们两个没有发疯，也不想死。
> 2. 他们忘记火车应该在那个时间到。
> 3. 如果他们朝其他方向跑，他们就没命了。

答案编号 46

侦探订票员

警察与妻子到科罗拉多的一个滑雪胜地度假。警察的妻子被人发现死在了悬崖下面。组织这次度假的订票员联系了当地的警察局。结果丈夫以谋杀的罪名被捕了。订票员怎么知道这是一场谋杀？

提示

1. 订票员从来没有见过这个警察和他的妻子。
2. 如果没有订票员提供的信息，地方警察局是不会逮捕这个警察的。
3. 滑雪道上没有谋杀的任何痕迹。
4. 她是坠落死亡的。
5. 她擅长滑雪。

答案编号 47

书

———位女士拿着两本书来到柜台。服务员说："请付 6.95 美元。"这位女士交了钱就走了，但没有拿书。这是为什么？

答案编号 48

摩天大厦

———个人在一栋摩天大厦的 15 层楼擦窗户。突然，他脚下一滑，坠落了。他只受了一点点轻伤。他没有系安全带，而且也没有什么东西减缓他的坠落。这怎么可能呢？

答案编号 49

朋　友

玛丽在沿着马路走的时候，遇到了自己学生时代的一位老朋友。

"您好，自从一九八〇年毕业后我就没有见到过您，"玛丽说，"您现在怎么样？"

"噢，我一九九〇年结婚了，这是我的儿子。"

"你好，"玛丽说，"你叫什么名字？"

"和爸爸的名字一样。"男孩说。

"啊，那就是罗伯特了，对吗？"玛丽说。

141

她的朋友没有说这个男孩的名字。她是怎么知道这个名字的？

答案编号 **50**

在农场里

一群孩子参观一座农场，看见了：

1. 一种字母数目是其复数字母数目一半的动物。
2. 一种字母数目是其幼崽字母数目一半的动物。
3. 一种字母数目与复数字母数目相同的动物。

当孩子们继续参观的时候，他们又看到了另三种满足这些条件的动物。您知道这些动物是什么吗？

答案编号 51

变　形

一只昆虫径直奔向（makes a beeline for）一只水果，把自己粘在了上面。如果这两者结合起来变成被建筑工人和装修工人普遍使用的工具，那么这种水果是什么？

答案编号 52

有毒的昆虫

位女士看见一只有毒的昆虫爬进了她家电视机后面墙壁上的一个洞里。为孩子们的安全考虑，她想为家人除去这个危险。时间已经很晚了。由于她讨厌杀死任何生物，所以她没有可以杀死这只虫子的任何化学物品。她不想因挖墙而毁坏房子。她怎么才能在不杀死昆虫的情形下把它弄出来？

143

答案编号 **53**

准时小姐

人如其名，准时小姐总是非常准时。她早上总是在同一时间起床，收拾好准备上班，准时离开家，准时到岗。事实上，她是跟着时钟工作的，您可以根据她做什么事情而判断那会儿是什么时间。然而，一天早上她被闹钟吵醒了，她感觉自己的生物钟与世界不协调了。她收拾好去上班，但是迟到了三十多分钟。她道歉，并且说她现在感觉好受了。出什么问题了？

提示

1. 她没有生病。
2. 她没有把闹钟定错时间。
3. 她一到岗之后就感觉好受了。
4. 从起床到上班她做的所有事情所花的时间与平时都是一样的。

144

答案编号 **54**

纸上的洞

如果您把一张纸对折，并且沿着折叠线剪一个洞，那么打开后纸上将有一个洞。如果您把这张纸对折，再对折，这样重复折叠六次，然后在最后折叠的边上剪一个洞，那么打开后纸上将有多少个洞？用脑子想想，然后再动剪刀。

答案编号 **55**

145

垫　圈

只通过仅仅一次测量，您怎么能够计算出一个圆形垫圈的阴影面积？

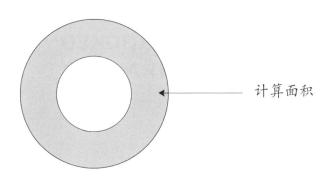

计算面积

答案编号 **56**

隐藏关系

下面的单词有一个隐藏的关系。它是什么？

1. **BEAUTIES SHOESTRING WHATEVER BELTING**

2. **DECODING ZEROES SPIKED SHAKER**

3. **DISPLAYED DRAMATICALLY FULFILMENT SHOWERING**

4. **SHAPELY ACCELERATE COMMANDEER WHELKS**

5. **MALARKEY CROOKED GROWLING TRAILERS**

答案编号 **57**

更多逻辑推理

问 号处应该填入什么数字？

1. Baltic   =151
   Arctic   =201
   Ionian   =2
   Caspian   =?

2. Dill   =601
   Cumin   =1101
   Cardamon   =1600
   Aniseed   =?

3. California   =152
   Connecticut   =301
   Maryland   =1550
   Texas   =?

4. Lemonade   =1550
   Coffee   =100
   Milk   =1051
   Cola   =?

5. Chocolate   =250
   Biscuit   =102
   Cake   =100
   Muffin   =?

147

认真观察每个单词中的字母，找出它们与给出数值的联系。问号处应该填入什么数字？

6. Tagliatelli   =40
   Pizza   =16
   Macaroni   =32
   Spaghetti   =?

7. Soccer   =6
   Baseball   =9
   Golf   =3
   Tennis   =?

答案编号 **58**

更多逻辑推理（续）

8. Typewriter =36
   Square =36
   Triangle =36
   Sphere =?

9. Circle =42
   Telephone =84
   Printer =42
   Computer =?

10. Blackcurrant =108
    Strawberry =72
    Gooseberry =144
    Pineapple =?

11. Soap =14
    Shampoo =28
    Toothpaste =42
    Deodorant =?

12. Watch =44
    Ring =33
    Necklace =55
    Bracelet =?

13. Doctor =108
    Nurse =81
    Architect =162
    Lecturer =?

14. Piano =28
    Clarinet =70
    Harpsichord =112
    Guitar =?

15. Turquoise =140
    Green =105
    Tangerine =175
    Brown =?

16. Toe =4
    Neck =7
    Shoulder =13
    Leg =?

17. Coat =12
    Hat =7
    Scarf =9
    Gloves =?

答案编号 **58**

18. Perfume   =36
    Mirror   =32
    Brush   =28
    Comb   =?

19. Pencil   =22
    Paper   =18
    Pen   =11
    Staple   =?

20. Basin   =25
    Bath   =23
    Shower   =32
    Toilet   =?

21. GUARD and ARTIST   =138
    TAILOR and VICAR   =128
    PILOT and MASON   =?

22. RUMBA and SAMBA   =19
    TWIST and TANGO   =34
    WALTZ and BOLERO   =?

23. ALMOND and WALNUT   =5369
    BREAD and TOAST   =2250
    YOGURT and CREAM   =?

24. FIRE and HEARTH   =196
    CHAIR and SOFA   =160
    BEND and PILLOW   =?

25. CRICKET and BAT   =46
    TENNIS and RACQUET   =83
    SOCCER and BALL   =?

149

答案编号 58

更多逻辑推理（续）

26. BRANDY and GIN   =68
    SHERRY and WINE   =84
    SHANDY and BEER   =?

27. MALTA and IBIZA   =70.5
    CORFU and MILO   =87.5
    TAHITI and HAWAII   =?

28. WYOMING and VERMONT   =320
    GERONA and TOLEDO   =202
    LOIRET and ARTOIS   =?

29. OVEN and STOVE   =3217
    FORK and SPOON   =2579
    PLATE and DISH   =?

30. FROST and SNOW   =1043
    MIST and FOG   =2937
    SLEET and RAIN   =?

答案编号 **58**

曲折的提示

1. 两对夫妇在珠宝店挑选戒指。如果德里克（Derek）和贾尼斯（Janice）挑选了一枚玉（jade）戒指，那么艾伦（Alan）和奥菲莉娅（Ophelia）挑选了什么类型的戒指？

2. 凯蒂（Katy）在银行（BANK）工作，喜欢歌剧（OPERA）和运动（SPORT）。凯蒂二十（TWENTY）岁。凯蒂爱人的业余爱好是划船（ROWING）和戏剧（DRAMA）。他是一个面包师（BAKER）。他三十（THIRTY）岁。他叫什么名字？

3. 基姆（Kim）今天期望收到一些卡片。她已经给杰克（Jack）、路易基（Luigi）和汤姆（Tom）邮寄了情人卡。谁给乔舒亚（Joshua）、朱利安（Julian）和肖恩（Sean）邮寄了卡片？

151

4. 两位假日秀解说人被派往世界各地做报道。黛安娜（Diana）参观了丹麦（Denmark）、尼日利亚（Nigeria）、西班牙（Spain）、法国（France）和印度（India）。彼得（Peter）报道了秘鲁（Peru）、新西兰（New Zealand）、安提瓜（Antigua）和卢森堡（Luxembourg）。他的最后一站是美国还是澳大利亚？

答案编号 **59**

曲折的提示（续）

5. 卖鞋（shoes）的女士名字是撒拉（Sarah）。她住在切斯特（Chester），但在布泰（Bootle）工作。她有一条德国杜宾犬（Doberman）。她打壁球（squash）。菲奥纳（Fiona）住在奥木斯科克（Ormskirk），但在南波特（Southport）工作。她有一条北京哈巴狗（Pekinese）。她喜欢赛艇（yachting）。她卖什么东西？

6. 英格丽德（Ingrid）喜欢游泳（swimming）。她有只金丝雀（canary），她的幸运数字是7（seven）。英格丽德是在十一月还是十二月出生的？

7. 卡罗尔（Carol）喜欢柠檬（lemon），但不喜欢香蕉（banana）。她喜欢猫眼石（opal），但不喜欢翡翠（emerald）。她喜欢红色（red），但不喜欢绿色（green）。她喜欢紫菀（aster），但不喜欢三色紫罗兰（pansy）。卡罗尔喜欢茶还是咖啡？

答案编号 **59**

找到联系

1. 下面的单词中有四个是通过一个共同的因素而被联系在一起的。这四个单词是什么？将它们联系在一起的因素是什么？

TRAP	–	**SHOUT**
FRIEND	–	**LIVED**
BOOK	–	**REGAL**
BATS	–	**PIG**

2. 单词 WOLF 应该属于左栏还是右栏？

BEST	–	**PLEA**
DENS	–	**SODA**
NOSY	–	**LIFE**
FIST	–	**POLE**

3. 萨利的星座是白羊座（Aries），而不是处女座（Virgo）。她穿一件格子（plaid）衬衣，而不是条纹（striped）衬衣。她喜欢橄榄（olive），不喜欢坚果（nut）。她的眼睛是淡褐色（hazel）还是棕色（brown）的？

答案编号 **60**

射击练习

您 最多有六发子弹，但要求您得到整整 100 分。您能在这个不寻常的靶子上完成吗？

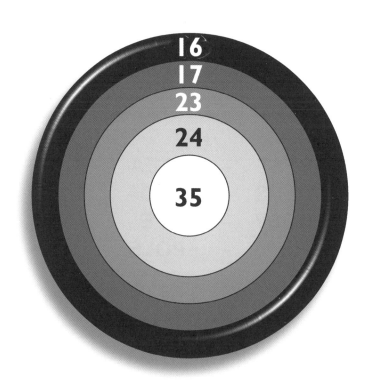

计算器的误用

个小学生做作业时作弊。老师要求同学们不用计算器计算。这个学生遇到了一道算术题的形式是（a＋b）÷c。他用计算器得到了一个非常奇怪的答案，因为他没有先计算括号内的和。答案应该是16，但是他第一次得到的答案是24。他想这可能不正确，于是他颠倒了a和b的输入次序，得到了一个更不可能的答案40。这三个字母的值是多少？

答案编号 **62**

是芭蕾舞剧还是歌剧？

项调查显示，只喜欢歌剧的人数比只喜欢芭蕾舞剧的人数多8个。只喜欢电影的人数比只喜欢歌剧的人数多1个。44个人不喜欢歌剧。67个人不喜欢芭蕾舞剧。只喜欢电影的人数比只喜欢芭蕾舞剧的人数多9个。14个人既喜欢芭蕾舞剧也喜欢歌剧，但不喜欢电影。26个人既喜欢歌剧也喜欢电影，但不喜欢芭蕾舞剧。78个人喜欢歌剧。

1. 多少人只喜欢歌剧？
2. 多少人只喜欢芭蕾舞剧？
3. 多少人只喜欢电影？
4. 多少人三种都喜欢？
5. 多少人参与了调查？

答案编号 **63**

骨牌幻方

套骨牌有 28 张，点数从 0-0 到 6-6。通过除去 0-5、0-6 和 1-6 三张牌从而形成一个 5×5 的幻方，在空白处填上相应的点数，使得横向、纵向和对角线的点数之和都为 30。

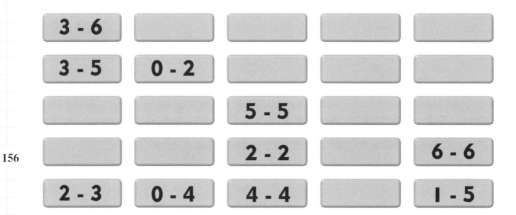

156

答案编号 **64**

夹心面包

三 明治的馅可以选择奶酪、火腿、色拉，或这三种的结合。只选择火腿的人数与三种馅料都选择的人数相同。选择火腿和色拉，但没有选择奶酪的人数是三种馅料都选择的人数的两倍。14个人没有选择奶酪。只选择奶酪的人数比只选择色拉的人数多3个。8个人选择了火腿和色拉，但没有选择奶酪。12个人没有选择色拉。14个人没有选择火腿。

1. 多少人三种馅料都选择了？
2. 多少人只选择了奶酪？
3. 多少人选择了奶酪和色拉，但没有选择火腿？
4. 多少人只选择了一种馅料？
5. 多少人只选择了两种馅料？

157

贺卡店

在一家贺卡店里，只购买贺卡的人数是只购买信封人数的五倍。购买贺卡和蝴蝶结，但没有购买信封的人数比只购买蝴蝶结的人数多 1 个。购买蝴蝶结和信封，但没有购买贺卡的人数是三种都购买的人数的两倍。12 个人没有购买贺卡。18 个人没有购买信封。15 个人只购买了贺卡。4 个人三种物品全都购买了。30 个人没有购买蝴蝶结。

1. 多少人只购买了这三种物品中的一种？
2. 多少人只购买了这三种物品中的两种？
3. 多少人只购买了信封？
4. 多少人在这家店买了东西？
5. 多少人购买了蝴蝶结和信封，但没有购买贺卡？

派对难题

在一场派对中，只戴手表的人数是戴戒指和手镯但没有戴手表的人数的两倍。有45个人戴手表和戒指，但没有戴手镯。79个人没有戴手镯。53个人没有戴戒指。只戴戒指的人数比只戴手镯的人数多8个。10个人戴戒指和手镯，但没有戴手表。戴手表和戒指但没有戴手镯的人数，是三种配饰都戴的人数的三倍。

1. 多少人戴手表和手镯，但没有戴戒指？
2. 多少人三种配饰都戴？
3. 多少人只戴手镯？
4. 多少人只戴手表？
5. 多少人只戴三种配饰中的两种？

159

答案编号 **67**

DIY难题

一家建材商店只销售油漆、壁纸和瓷砖。只购买壁纸的人数是只购买瓷砖人数的两倍。只购买油漆的人数比只购买壁纸的人数多3个。只购买油漆和壁纸的人数比只购买瓷砖的人数多1个。只购买瓷砖的人数是只购买瓷砖和壁纸人数的两倍。18个人没有购买壁纸。14个人没有购买油漆。只购买瓷砖和壁纸的人数与三种材料都购买的人数一样多。5个人只购买了壁纸和油漆。

1. 多少人只购买了壁纸？
2. 多少人三种材料都购买了？
3. 总共有多少位顾客？
4. 多少人只购买了其中的两种材料？
5. 多少人只购买了油漆？

传送带谜题

位顾客在超市里往传送带上放了七件物品。最后放上去的一件是蛋糕。牛奶是在饼干之前被立即放上去的。果汁是在苹果之后被立即放上去的。汤料是在牛奶之前被立即放上去的。在面包和饼干之间有两件物品。在汤料和苹果之间有两件物品。面包是在蛋糕之前被立即放上去的。

1. 哪件物品是在面包之前被立即放上传送带的?
2. 哪件物品是被最先放上传送带的?
3. 第四件放上传送带的物品是什么?
4. 牛奶被放在第几位?
5. 哪件物品是在牛奶之后、苹果之前被放上传送带的?

161

序列七

七个男孩赛跑。乔治落后里艾姆两名。杰克在亚历克斯后面。克莱夫在大卫之后，但在里艾姆之前。本领先于亚历克斯两名。里艾姆是第三名。

1. 本是第几名？
2. 谁赢得了比赛？
3. 谁是第五名？
4. 谁紧跟在乔治之后？
5. 谁是最后一名？

答案编号 **70**

迷失的电梯

办公室电梯可通达七层楼。索菲、特德、詹姆斯、克劳迪娅、乔安妮和马克想到不同的楼层。电梯开始上升。乔安妮在索菲之后但在詹姆斯之前出来。马克在特德之后一层但在詹姆斯之前三层出来。詹姆斯不是最后一个走出电梯的人。

1. 谁第一个走出电梯？
2. 谁最后一个走出电梯？
3. 谁刚好在马克之后走出电梯？
4. 谁是第四个离开电梯的？
5. 谁是第二个离开电梯的？

163

谁住哪里？

在一幢六层楼的公寓里，史密斯夫人住在托马斯先生上面三层。史密斯夫人住在贝克夫人上面两层。布朗先生刚好住在史密斯夫人上面。托马斯先生住在里治先生的楼上，但在贝克夫人楼下。

1. 劳埃德先生住在哪一层？
2. 谁住在顶层？
3. 谁刚好住在托马斯先生楼上？
4. 谁住在底楼？
5. 史密斯夫人住在第几层？

164

倒霉的水手

几天的假期过后，一位水手又回到了船上。他告诉其他船员自己很幸运地得到了什么。听到他把那说成幸运，其他船员毫不迟疑地把他扔进了水里。他说了什么？

提示

> 1. 那是一种幸运，但与金钱和财富无关。
> 2. 这个水手回到船上之前确实很高兴，如果他考虑到这一点，他可能会用不同的措辞讲他的故事。
> 3. 其他在陆地上看到所发生之事的朋友都为他感到高兴。
> 4. 这是一项运动成就。

165

答案编号 **73**

正方形网格

1. 在这张图片中您能看到多少个正方形？

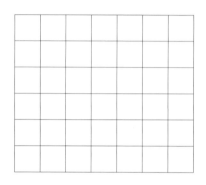

2. 您能否找到一种简单的方法来数这些任意大小的正方形？

答案编号 **74**

您需要一台电脑吗？

这 个序列的下一个图案是什么？

?

答案编号 **75**

同等的形状

请把这个矩阵分成四个部分，每一部分都要包含一个三角形和一个星。每个部分必须是同样的形状和大小，但三角形和星的位置不同。

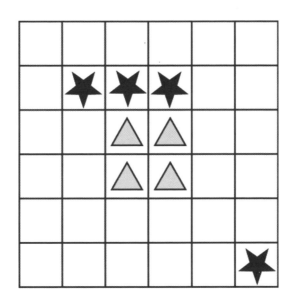

两个正方形

如 果您把一张纸剪成如下图所示的十字，那么您能否调整它，使它形成两个正方形呢？

分割正方形

这 块地的大小是 177 米 ×176 米。它被分成了十一个正方形。只是这些正方形的划分有点粗糙。所有划分出的正方形的边长都是以米为单位的整数。您能计算出每个正方形的大小吗?

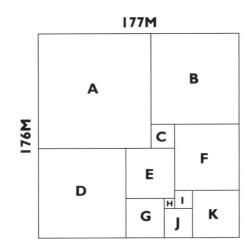

177M

176M

答案编号 **78**

日本门上的符号

这 个符号是日本一扇门上的。它是什么意思？

复杂的除法

使用九个阿拉伯数字，每个只能使用一次，找到这样一个数：第一位数可以被 1 整除，前两位数可以被 2 整除，前三位数可以被 3 整除，以此类推，一直到九位数能够被 9 整除。

答案编号 **80**

小组智力竞赛

三个人藏在一个荧幕的后面，要求他们对自己和其他在荧幕后面的人做出陈述。他们的陈述中只能包含一句谎言，然后参赛者必须辨认出有黄色标记的那个人。我们把这三个人称作 A、B、C。他们哪个人有黄色标记？

A、C 说："我有黄色标记。"

A、B、C 说："B 没有黄色标记。"

B、C 说："C 没有黄色标记。"

A 说："A 和 C 都没有黄色标记。"

B 说："A 没有黄色标记。"

答案编号 **81**

蜘蛛的逻辑

最后一张蜘蛛网的值是多少？

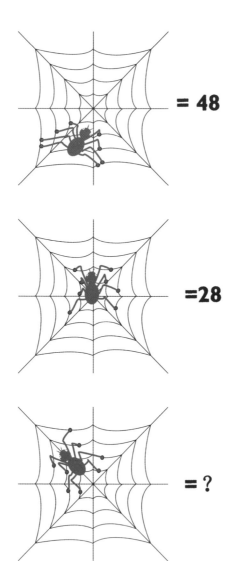

= 48

=28

= ?

172

答案编号 **82**

塞维利亚的理发师

塞维利亚的理发师为所有居住在塞维利亚的男人刮脸。居住在塞维利亚的男人不允许自己为自己刮脸。塞维利亚的理发师居住在塞维利亚。塞维利亚的理发师没有离开这座城市，也没有外人进入这座城市。那么谁为塞维利亚的理发师刮脸呢？

答案编号 83

缺少元音字母

将下面每组单词中缺少的元音字母补充完整，从而构成四个有关联的单词。这些单词是什么？

1. KRT   CRQT   LCRSS   NGLNG
2. LDL   SPTL   CRT   CTLRY
3. GRNGG   PRCT   KMQT   GRPFRT
4. NDL   PNT   PNCK   MRNG
5. GRLL   LPRD   RNDR   PRCPN

答案编号 84

173

字母组合

重新排列下面每组字母的顺序，使其构成正确的单词，且每组中的四个单词有联系。

1. HORTMABO   GELONU   THICENK   DOMOBER

2. ROSSSCIS   FINKNEEP   WESTZEER   WORKCECRS

3. RYLRO   OCHCA   TACHY   PORTCHEELI

4. BEGBACA   YERCEL   TREEBOTO   KNIPUMP

5. LISK   NINEL   NOLNY   NOTCTO

网格密码

1.

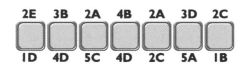

| 2E | 3B | 2A | 4B | 2A | 3D | 2C |

| 1D | 4D | 5C | 4D | 2C | 5A | 1B |

在 上面的方格中填入正确的字母将构成一颗行星的名称。这些字母被安排在了下面这个被编码的正方形中。填入上面每个方格的字母有两个选择，一个正确，一个不正确。这颗行星的名称是什么？

	A	B	C	D	E
1	B	Y	X	S	C
2	T	W	R	X	J
3	H	A	G	M	Q
4	V	I	G	U	F
5	E	O	P	D	Z

2.

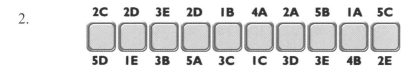

| 2C | 2D | 3E | 2D | IB | 4A | 2A | 5B | IA | 5C |

| 5D | IE | 3B | 5A | 3C | IC | 3D | 3E | 4B | 2E |

在 上面的方格中填入正确的字母将构成一个州的名称。这些字母被安排在了下面这个被编码的正方形中。填入上面每个方格的字母有两个选择，一个正确，一个不正确。这个州的名称是什么？

	A	B	C	D	E
1	E	F	O	G	A
2	R	V	M	I	S
3	Q	L	Y	K	N
4	B	I	T	H	D
5	T	P	A	C	U

答案编号 **86**

网格密码（续）

3.

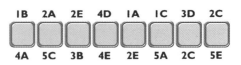

在 上面的方格中填入正确的字母将构成一座山脉的名称。这些字母被安排在了下面这个被编码的正方形中。填入上面每个方格的字母有两个选择，一个正确，一个不正确。这座山脉的名称是什么？

	A	B	C	D	E
1	I	P	R	F	S
2	Y	W	E	Q	N
3	M	R	J	C	T
4	D	F	L	E	D
5	E	H	A	G	S

176

4.

在 上面的方格中填入正确的字母将构成一个国家的名称。这些字母被安排在了下面这个被编码的正方形中。填入上面每个方格的字母有两个选择，一个正确，一个不正确。这个国家的名称是什么？

	A	B	C	D	E
1	A	I	D	G	K
2	C	R	V	W	U
3	T	Y	B	J	F
4	N	E	S	O	T
5	H	Z	M	P	L

答案编号 **86**

网格密码（续）

5.

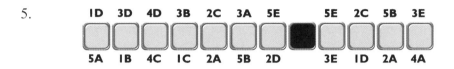

ID 3D 4D 3B 2C 3A 5E █ 5E 2C 5B 3E

5A IB 4C IC 2A 5B 2D █ 3E ID 2A 4A

在 上面的方格中填入正确的字母将构成一个电影明星的名字。这些字母被安排在了下面这个被编码的正方形中。填入上面每个方格的字母有两个选择，一个正确，一个不正确。这个电影明星是谁？

	A	B	C	D	E
1	F	A	S	R	H
2	A	K	E	L	V
3	L	H	X	I	G
4	E	N	C	M	T
5	T	R	B	O	D

空白正方形

1. 下面 A、B、C、D 四个选项哪一个应该取代网格内的空白正方形?

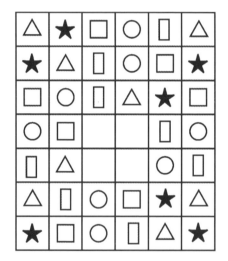

A  **B** 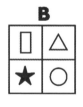 **C** **D**

答案编号 **87**

空白正方形（续）

2. 下面 A、B、C、D 四个选项哪一个应该取代网格内的空白正方形？

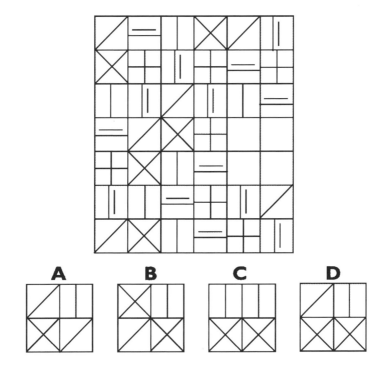

179

空白正方形（续）

3. 问号处应该填入什么数字?

5	2	1	9	7			2	8	9	0	5			6	1	3	2	4	
1	6	8	8	4	G	A	I	3	2	0	2	6	D	F	B	2	3	7	1	7	C	H	E
6	9	8	0	0			6	1	3	9	3			?	?	?	?	?	

4. 问号处应该填入什么数字?

180

4	2	5	3	1			7	0	1	3	6			1	9	9	0	8	
3	8	2	8	7	F	D	A	2	2	1	4	5	H	I	E	5	7	4	6	7	G	B	C
8	0	1	7	7			9	1	3	8	6			?	?	?	?	?	

最长的单词

1. 从一个正方形移向相邻的正方形，在网格中找出最长的鲜花名称。这种鲜花的名称是什么？

V	K	M	X
E	M	U	R
T	H	H	Y
N	A	S	C

2. 从一个正方形移向相邻的正方形，在网格中找出一部著名音乐剧的名称。这部著名音乐剧的名称是什么？

R	A	T	F	P
E	H	O	H	Q
P	E	M	N	A
O	S	O	T	J

答案编号 **88**

数字链

1. 重新排列下面的方块，使它们构成一个 3×3 的正方形，并且使所有相邻的字母都相同。如果排列正确的话，将从外边缘读出一种恐龙的名称。这种恐龙是什么？

答案编号 **89**

数字链（续）

2. 重新排列下面的方块，使它们构成一个 3×3 的正方形，并且使所有相邻的字母是按照字母表顺序连续下去的。如果排列正确的话，将会从外边缘读到美国一座城市的名称。这是哪座城市？

183

答案编号 89

非同寻常的保险箱

1. 这里有一只非同寻常的保险箱。每个按钮只能以正确的顺序按一
   次，从而到达 OPEN 按钮。移动的位置数和方向在每个按钮上有标
   示（1S 表示向南移动一格，N 代表向北移动，E 代表向东移动，W
   代表向西移动）。首先应该按哪个按钮？

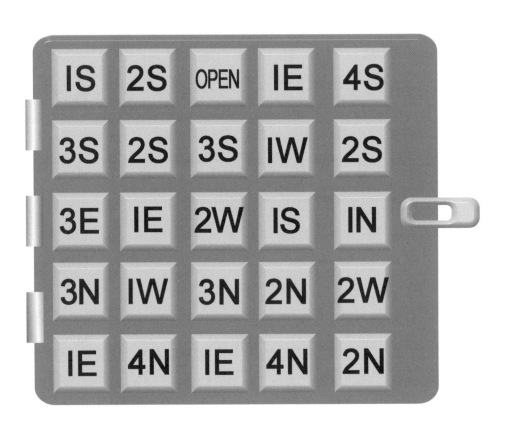

非同寻常的保险箱（续）

2. 这里有一只非同寻常的保险箱。每个按钮只能以正确的顺序按一次，从而到达 OPEN 按钮。移动的数量和方向在每个按钮上有标示（3C 表示顺时针移动三步，1A 表示逆时针移动一步，1o 表示向外移动一步，2i 表示向内移动两步）。首先应该按哪个按钮？

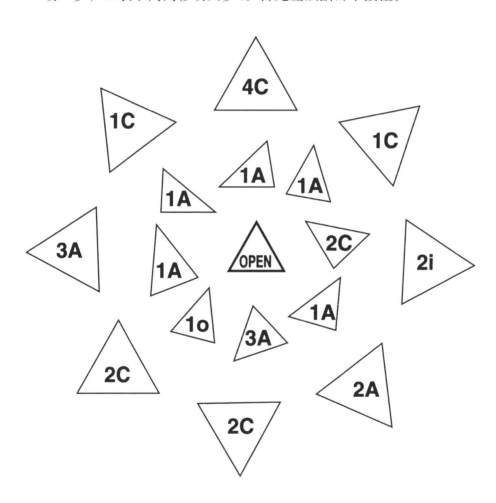

非同寻常的保险箱（续）

3. 在这个图形的中间放置一个字母，使每条对角线可以组成一个单词。这四个单词是什么？

186

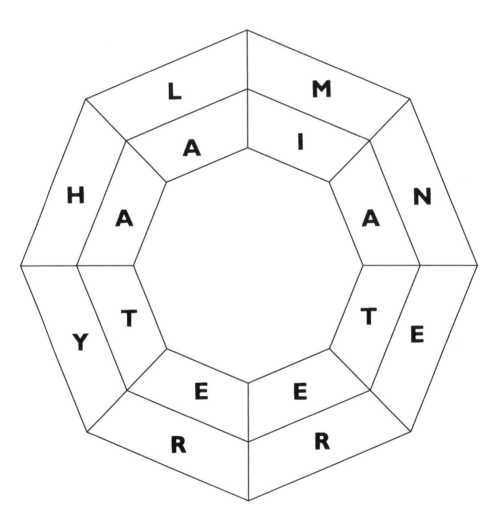

答案编号 **90**

非同寻常的保险箱（续）

4. 在这个图形的中间放置一个字母，使每条对角线可以组成一个单词。这四个单词是什么？

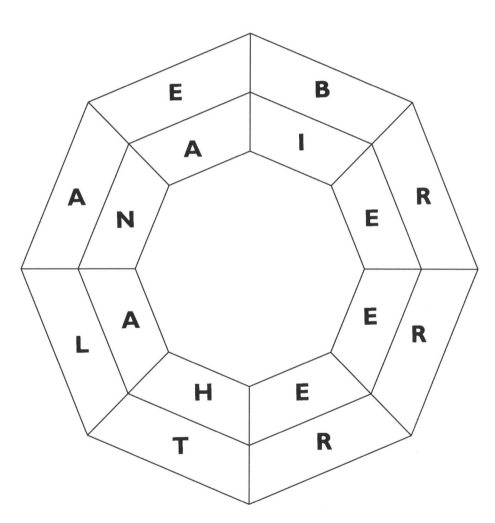

187

答案编号 **90**

填 空

选择恰当的词语填入下面的句子中。每句第二个空格中的单词是由第一个空格中的单词颠倒字母顺序组成的。

1. Lucy made a note in her _____ of the day she visited the _____.

2. At the fruit shop the lady picked up a _____ which was very _____.

3. The father told his son a _____, but his mother said it was too _____ at night.

4. The chef turned the heat on the cooker down to _____ the _____ boiling over.

5. The woman asked her husband what he wanted to _____ with his cup of _____.

188

密码轮

把圆圈中间的每个字母填入边缘的方格内。如果位置选择正确的话，这些字母将会成为一个单词的第一个字母和另一个单词的最后一个字母。一共将会组成八个单词，每个单词都由六个字母构成。这些单词是什么？

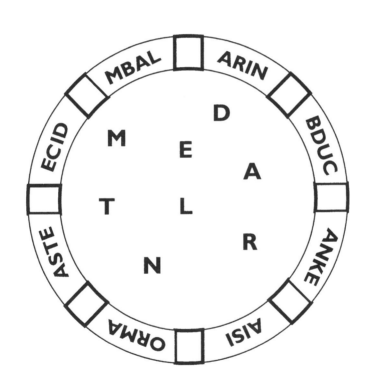

五角星

1. 围绕着一个五角星顺时针填入下列由五个字母组成的单词。在两个
五角星的接合处，两个相向的部分必须包含相同的字母。某些字母
已经为您写出来了。

OCCUR, KNACK, AGREE, ODOUR, IGLOO, CHINA,
SKATE, BUILD, STAMP, TASTE

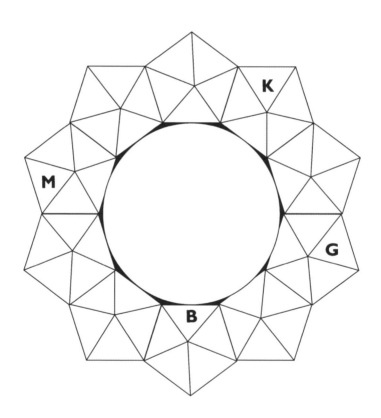

五角星（续）

2. 围绕着一个五角星顺时针填入下列由五个字母组成的单词。在两个
五角星的接合处，两个相向的部分必须包含相同的字母。某些字母
已经为您写出来了。

ALERT, EBONY, SHERU, ALTAR, ANGLE, ACUTE,
START, BEACH, EAGER, GRILL

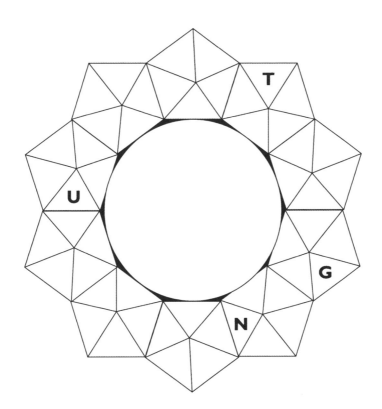

纵 列

1. 调整下列单词的顺序，在网格的每一行中填入一个单词。如果填写顺序正确的话，在有阴影的纵列中将会读出一种水果的名称。这三种水果是什么？

192

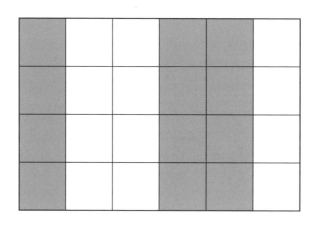

AUTUMN PEOPLE RHYMES EYELID

纵列（续）

2. 调整下列单词的顺序，在网格的每一行中填入一个单词。如果填写顺序正确的话，在有阴影的纵列中将会读出一个国家的名称。这是哪两个国家？

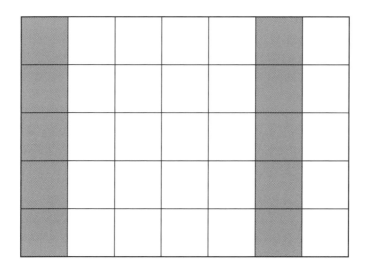

LENIENT ANGELIC YASHMAK INFANCY THOUGHT

纵列（续）

3. 调整下列单词的顺序，在网格的每一行中填入一个单词。如果填写顺序正确的话，在有阴影的纵列中将会读出一支 F1 方程赛赛车队的名字。这是哪两支车队？

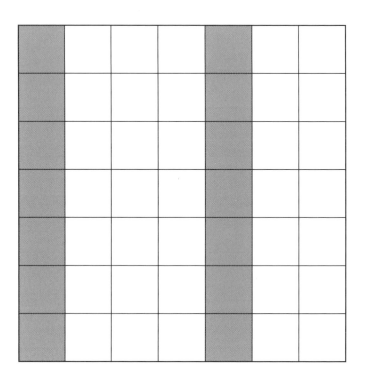

LIBERTY RADIANT EMPEROR
MINDFUL CLOSEST ADMIRAL NOURISH

答案编号 **94**

纵列（续）

4. 调整下列单词的顺序，在网格的每一行中填入一个单词。如果填写顺序正确的话，在有阴影的纵列中将会读出一种甜食的名称。这两种甜食是什么？

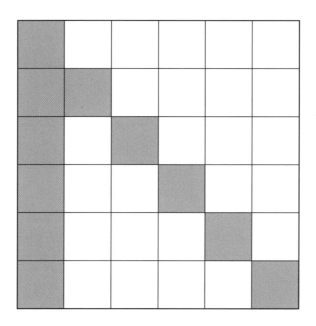

EMPIRE ROBUST FULFIL LADDER TALENT INFORM

字母网格

1. 将给出的字母填入下面的正方形网格中，使得纵向和横向能够读出另外四个单词。这四个单词是什么？

S	P	L	I	T
P				
L				
I				
T				

AEEELLLSSSSSTTUU

196

答案编号 **95**

字母网格（续）

2. 将给出的字母填入下面的正方形网格中，使得纵向和横向能够读出另外四个单词。这四个单词是什么？

F	A	T	A	L
A				
T				
A				
L				

AAAADEEMMOORRYYZ

197

答案编号 **95**

字母金字塔

1. 将给出的字母填入下面的金字塔，使得纵向和横向都能够拼出单词。横向有一个由七个字母组成的单词、一个由五个字母组成的单词、一个由三个字母组成的单词。纵向有一个由四个字母组成的单词和两个由三个字母组成的单词。它们分别是什么？

198

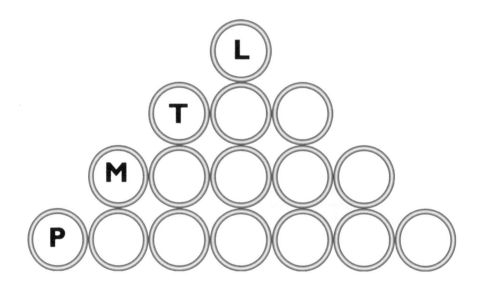

A E G I N N N O O R U Y

字母金字塔（续）

2. 将给出的字母填入下面的金字塔，使得纵向和横向都能够拼出单词。纵向有两个由三个字母组成的单词和一个由四个字母组成的单词。横向有一个由三个字母组成的单词和一个由五个字母组成的单词。它们分别是什么？

199

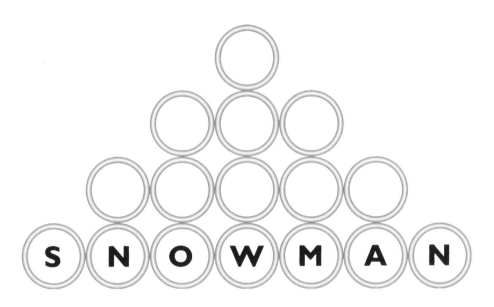

A A E H K L O T T

合并单词

这里有三种动物的名称被打乱后拼在了一起。它们是什么？

200

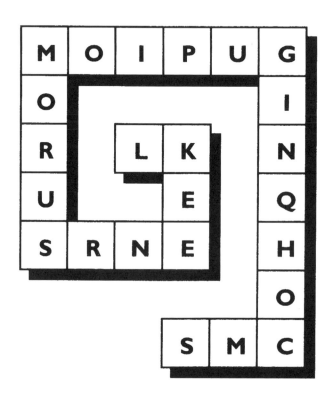

宴 会

A 先生和 A 夫人邀请了三对夫妇赴宴。他们分别是 B 先生和 B 夫人、C 先生和 C 夫人、D 先生和 D 夫人。座位的安排是让其中一对夫妇分开坐。根据下面的条件，分开坐的是哪对夫妇?

- 坐在 A 夫人对面的男士坐在 B 先生的左侧。
- 坐在 C 夫人左侧的女士坐在 D 先生的对面。
- 坐在 D 先生右侧的女士与坐在 A 先生左侧两个位置的女士相对。

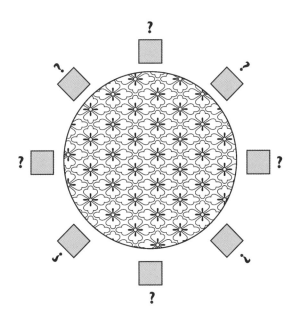

答案编号 **98**

老爷爷

老爷爷的年龄在 50 岁至 70 岁之间。他告诉朋友们：

> "我的每个儿子的兄弟与儿子一样多，我儿子们与孙子们的数量加起来恰好是我的年龄。"

老爷爷多少岁了？

答案编号 **99**

破译公牛

一头公牛在地里啃一颗未爆炸的炸弹。下面这些字母可以组合成四个单词，您能破译出这四个单词吗？其中哪个单词最能表现公牛现在的情形？

BEEILRRT

AACCHIOPRSTT

AABBEILMNO

EEILOPSVX

我是谁？

1. 我于一八五九年出生于苏格兰的爱丁堡。

我用笔塑造了一个侦探和一个罪犯头目（也是一个教授）。

我是一名医生，就像我书中的一个主人公一样。

我由于在南非战争（布尔战争）期间在野战医院工作而被授予爵位。

2. 我最初的名字是埃里克·怀兹（Erik Weisz），出生于匈牙利。

我父亲是一位犹太学者，从匈牙利移民到美国。

我是一名魔术师和高空秋千表演艺术家。

我以逃脱表演而闻名。

我有什么样的头衔?

我是在印度被发现的一种深蓝色宝石。

最初路易十四于一六六八年购买我用作法国国王王冠珠宝的一部分，但后来被切割，被称为"法兰西之蓝"（French Blue）。

然后我被盗，再次被切割。

我被以一八三〇年购买我的人的名字命名。

许多年以来您都能在华盛顿特区的史密森尼博物馆看到我。

205

答案编号 **102**

字 方

将 给出的字母填入空白处，使得纵向和横向能够拼出相同的单词。这四个单词是什么？

1.

V	A	L	E	T
A				
L				
E				
T				

BBEEEENOOSSTTVVY

答案编号 **103**

字方（续）

将 给出的字母填入空白处，使得纵向和横向能够拼出相同的单词。这四个单词是什么？

2.

C	H	E	S	T
H				
E				
S				
T				

DEEELLLLOOOORRSSV

答案编号 **103**

缺少的字母

根据字母表，下面每行中缺少的字母如果被挑出来重新排列将构成单词。每组单词都有一个联系，已经作为提示给出。您能找出这些字母并拼成单词吗？

1. 科学家

    a）BDEFGHIJMOQRSTUVWXYZ

    b）ABFGHJKMNOPQRSTVWXYZ

    c）ABCFGHJKLMPQRTUVWXYZ

2. 星辰

    a）ABCDFGHKLMNOQSVWXYZ

    b）ABCDEFGHIJKMNQRSVWXYZ

    c）BCDEFGHIJKLMOPQVWXYZ

3. 作曲家

    a）ABCDEFGHJKMNOPQRUVWXY

    b）BCEFGHIJLMNPQSTUWXYZ

    c）BCDFGIJKNOPQSTUVWXYZ

    d）BCDEFGHIJKLNPQSUVWXY

奇怪的单词

1. 请说出两个单词，每个单词均包含所有的元音字母，五个元音只出现一次，并且是按照字母表顺序出现的。

2. 请说出一个由八个字母组成的单词，其中包含所有的元音字母。

3. 请说出两个由九个字母组成的单词，每个单词包含两对 oo。

4. 请说出一个包含六个 i 的单词。

5. 请说出两个包含四个 u 的单词。

答案编号 105

循环纵横字谜

大 圆圈内给出的提示指向一个单词，把您的答案填在外围的六个小圆圈内，每个小圆圈填一个字母。按照箭头转动的方向，从箭头所指的小圆圈开始填。完成之后，有阴影的圆圈从顶端到底端将组成一个单词或一句短语。

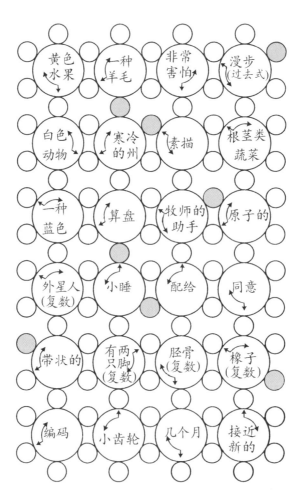

什么?

这 个序列的问号处应该填入什么?

---

1. JASO?D

2. ATG?LVLSSCAP

3. MVEMJ?UN

4. UOUEHR?

5. ZXCVB?M

6. NWHOI?EII

什么？（续）

7. 如果六个人是天秤座（Libra），三个人是白羊座（Aries），四个人是狮子座（Leo），那么多少人是双子座（Gemini）？

8. 如果保拉给詹妮 6 美元，她们将有相同金额的钱。如果詹妮给保拉 6 美元，那么保拉的钱将是詹妮的七倍。她们两个分别有多少钱？

9. 在什么地方 1089 加 2568 看上去会等于 15753，6621 加 8512 看上去会等于 3457？

212

10. 如果 L + K = 5，P + T = 3，N + Z = 6，那么 A + D = ？

密码齿轮

在这个互相啮合的齿轮系统中，大齿轮顺时针旋转，驱动其他齿轮。每个齿轮的齿数已经给出来了，每个齿用一个字母代表。根据下面的转动情况，将每种情况下箭头所指的字母拼成单词。

1. 大齿轮转 3 周。
2. 大齿轮转 4.5 周。
3. 大齿轮转 5 周。
4. 大齿轮转 $6\frac{1}{3}$ 周。

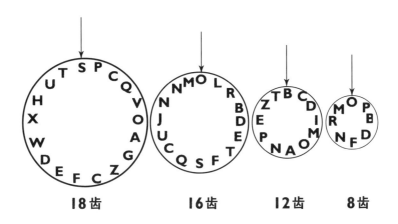

| 18齿 | 16齿 | 12齿 | 8齿 |

又一密码齿轮

在这个互相啮合的齿轮系统中，大齿轮顺时针旋转，驱动其他齿轮。每个齿轮的齿数已经给出来了，每个齿用一个字母代表。根据下面的转动情况，将每种情况下箭头所指的字母拼成单词。

1. 大齿轮转 2 周。
2. 大齿轮转 5 周。
3. 大齿轮转 7 周。
4. 大齿轮转 4.5 周。

214

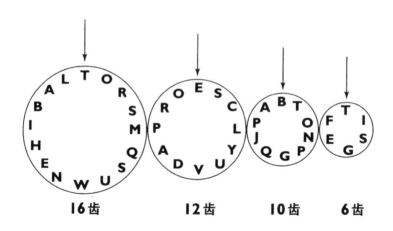

1．瑞士银行密码

1-5-6-2 打开箱子

字母代表的数值：A = 4，B = 2，C = 5，D = 3，E = 8，F = 1，G = 6，H = 7，I = 9

（DID = IIF = 3 × 9 × 3 = 9 × 9 × 1）

215

2．培训火车司机

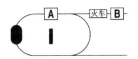

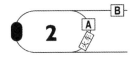

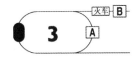

第一步

挂上装载物 B，倒到位置 A，移动到如图所示的位置，然后松开挂钩。

第二步

挂上装载物 A，在如图所示的位置松开挂钩，然后穿过隧道去拉 B。

第三步

挂上 B 向后倒。

第四步

向前移动把 A 和 B 连接在一起。

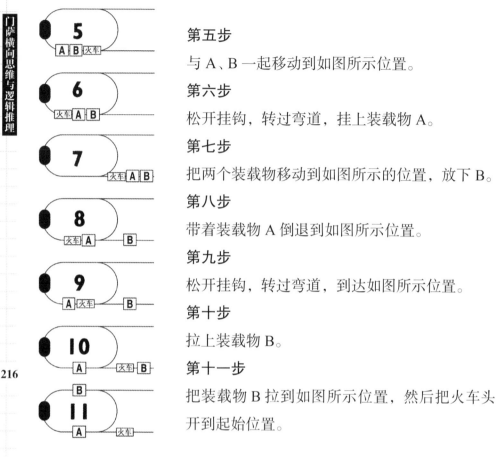

第五步

与 A、B 一起移动到如图所示位置。

第六步

松开挂钩，转过弯道，挂上装载物 A。

第七步

把两个装载物移动到如图所示的位置，放下 B。

第八步

带着装载物 A 倒退到如图所示位置。

第九步

松开挂钩，转过弯道，到达如图所示位置。

第十步

拉上装载物 B。

第十一步

把装载物 B 拉到如图所示位置，然后把火车头开到起始位置。

3．平方米

自然的做法是把它改造成正方形。因为正方形与矩形周长相同时，正方形的面积始终比较大些。然而，答案是把它改造成一个圆。

圆周长 $=2\pi r=3000$ 米

半径 $r=1500/\pi$

圆面积 $=\pi r^2\approx716197$ 平方米

正方形的面积只有 562500 平方米。

4．事实还是虚构

二月是后来才加入这个日历的，没有人知道他什么时候绘制了它。早期的罗马日历只有十个月。

5．把水向上移动

用大头针将火柴钉到软木塞上。把火柴划着，将软木塞放在水上，使它漂浮在水面上而不弄湿火柴。然后把大口杯罩在软木塞和被点燃的火柴上面。

火柴把大口杯中的氧气消耗完后，水将会被吸入杯中。

6．秘密信息

Ja COB-ALTer	=	Cobalt 钴
ALter	=	Aluminium 铝
AUgusts	=	Aurum 金
GErmany	=	Germanium 锗
unfaIR	=	Iridium 铱
oNE	=	Neon 氖
Nile	=	Nickel 镍

7．时间的秘密

是可能的。他说话这天是 1 月 1 日，他的生日是 12 月 31 日。

8. 火柴逻辑思维谜题 1

方法一　　　　　　　　　　方法二

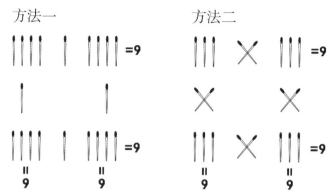

9. 火柴逻辑思维谜题 2

1. 从任意一个角落移动任意两根火柴，按照下面的位置摆放。

记住：一组四个正方形构成一个较大的正方形。

2. 通过移动被单独留在那里的那根火柴。

答案 1　　　　　　　　　答案 2

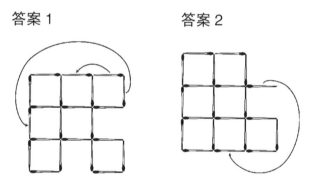

10. 前脚向前

当他放下右脚的时候，他距离北极不到一步。他的左脚跨越了北极，因此指向了南方。

11. 关于"我是什么"的逻辑推理

1. 我是什么？

计算设备：算盘 / 计算器

2. 我是什么？

　　海马

3. 我是什么？

　　桑巴舞

12. 服务生的命运很不幸

1. 14 位　2. 4 位　3. 18 位　4. 7 位　5. 8 位

13. 火车司机

您是火车司机，因此要看您的眼睛是什么颜色。

14. 干洗店的困惑

1. 15 个　2. 24 个　3. 10 个　4. 34 个　5. 73 个

15. 州长的宴会

1 位

16. 纸模困惑

沿着折叠线把 A 片纸向您垂直拉起，然后把 B 片纸正反扭转 180°。

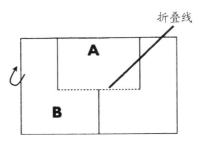

17. 混乱的家庭关系

1. 包括艾丽丝在内共 4 个人。艾丽丝的姐姐嫁给了艾丽丝丈夫的哥哥。这两个男人的母亲嫁给了艾丽丝的伯父，是艾丽丝母亲的嫂子。

2. 另一半也是男孩。

18. 寻找简单的解答

$0 \circ (t - t) = 0$，任何数与 0 相乘都等于 0。

19. 露天比赛

1. 15 个　2. 3 个　3. 24 个　4. 20 个　5. 12 个

20. 您认为自己擅长数学吗？

把它翻转一下就可以得到 $81 + 19 = 100$。

220

21. 汽车问题

车轮的底部

22. 事故现场的警察

那是一个睡着的警察。

23. 每十人杀一人

976。2 的 10 次幂将是您得到的大于 1000 的最小数字。

$2^{10} = 1024$

然后运用下面的公式计算：$1024 - 2 \times (1024 - 1000) = 976$

24. 孩子们的年龄

孩子们的年龄：2 岁 – 5 岁 – 8 岁 – 11 岁 – 14 岁 – 17 岁 – 20 岁 – 23 岁 – 26 岁。父亲的年龄：48 岁。

25. 随机选择

没有机会。如果您把三对搭配正确了，那么第四对也就正确了。

26. A & B

假设 B = x，那么 A = 8x

所以 $x + 8x = 3x^2 = 9x$

所以 x = 3 = B

那么 A = 24

27. 清仓大甩卖

40 件 – 100 件 – 120 件

（40 × 40 美分）+（100 × 100 美分）+（120 × 120 美分）= 260 美元

28. RECTOR 总和

S = 0	T = 6
A = 1	O = 7
C = 2	R = 8
P = 3	L = 9
E = 4	

29. 牙签

1. 依次取下外围的牙签制作成一个独立的三角形。

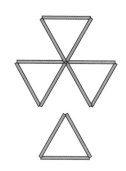

2. 再依次取下外围的牙签，把它们重叠在其他三角形上。

3. 一个三边金字塔

4. 从 A、B、C 或 D 中任意移动两根牙签到 E 和 F 形成正方形。

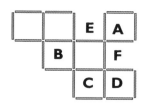

5. 从 B 或 C 移动两根外围的牙签，完成 E 和 F 的正方形。这样
   可以形成十个 1×1 的正方形、四个 2×2 的正方形、一个 3×3

的正方形。

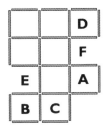

30. **旋转**

数字顺时针移动四个位置。

31. **复杂的数字和字母网格**

1. 4, 8。 $A \times B - C \times D = EF$。

2. M, X。 $2A - B + C = D$。（利用每个字母在字母表中的顺序数。）

3. 2, 1。 $a + b + e + f = cd$。

4. 32。 $a \times b \div c = d$。

223

32. **改变单词**

1. SEAT-SEAM-TEAM-TRAM

2. HEAD-HEAL-TEAL-TAAL-TAIL

3. STONE-SHONE-SHINE-THINE-THINK-THICK-TRICK-BRICK

4. WHITE-WHINE-CHINE-CHINK-CLINK-BLINK-BLANK-BLACK

5. HERE-HARE-HARK-HANK-HUNK-JUNK

6. FAIR-FAIL-FALL-FILL-RILL-RILE-RIDE

7. WRITE-WRITS-WAITS-WARTS-WARDS-CARDS

8. BROWN-BROWS-BREWS-TREWS-TREES

9. GLASS-CLASS-CLANS-CLANK-CLINK-CHINK-CHINA

10. GREEN-BREEN-BLEED-BLEND-BLAND-BLANK-BLACK

33. 幻方

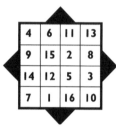

34. 灭绝？我不这么认为

任何混血物种，例如骡子等。

35. 消防站的位置

在 A 与 C 当中。这将使得到任何地点的最长时间为 10 分钟。

36. 兔子家族

假设雄性为 x，雌性为 y，$x-1-y=1$，$2(y-1)-2=x$，可以推出：8 只雄兔，6 只雌兔。

37. 奇怪但真实！

建议在高个子的胸部画一条线（矮个子的高度）。射中这条线以上的不算数。

38. 变速箱

顺时针方向旋转 26 次 + 240°。

39. 链环

1. 1536。每行前一个数字的前两位 × 前一个数字的后两位 = 下一个数字。

2. 108。每行第一个数字外侧的两位数相乘得出下一个数字外侧的两位数。将第一个数字内部的两位数相乘得出第二个数字内部的两位数。

3. 27。每行第一个数字中的前两位数减去后两位数得到下一个数字。第二个数字的第一位数减去第二位数得到第三个数字。

40. 等分

1.

8	8	3	6	5	5
8	4	4	7	7	4
5	5	7	3	3	5
9	8	3	4	7	3
7	5	9	3	5	8
6	4	4	8	3	4

2.

9	6	8	8	2	5
7	4	5	8	6	9
8	8	7	8	7	6
9	6	8	9	6	8
6	4	6	8	5	4
7	7	5	8	7	5

41. 经典汽车

美国加仑相当于 0.833 英国加仑。

42．结清债务

三张 20 美元的支票。彭妮、玛丽和克莱尔应该各给安 20 美元。

43．数字链接

425。同一条直线上每个字母在字母表中的顺序数平方后被加在了一起。

44．十一张牌的骗局

第二个玩家完全复制第一个玩家的每一步。

45．毯子

这个人是印第安人首领，他用毯子发出烟雾信号，发动了一场战争。

46．铁路工人

他们正在一架长桥上干活，铁轨两侧没有空地。朝着火车驶来的方向跑，他们能够很快到达桥头，跳到一侧去。

47．侦探订票员

他给自己买了一张回程的票，但没有给妻子买。订票员觉得这很奇怪。当警察局调查的时候，这个警察已经取出了他妻子的人寿保险金。他供认了自己所做的一切。

48．书

这是一个图书馆。她必须为借书超期而交付罚款。

49. 摩天大厦

他擦的是里面的窗户。

50. 朋友

她的朋友就是孩子的父亲。

51. 在农场里

1. cow-cattle 和 ox-oxen

2. pig-piglet 和 cat-kitten

3. sheep-sheep 和 swine-swine

52. 变形

plum（李子）。在 plum 上加 b-line 就变成了 plumb line（铅垂线）。

53. 有毒的昆虫

在室内灯光暗淡的情况下，她用一只玻璃杯盖住洞孔，然后将一束光通过玻璃杯照进洞中。当昆虫爬出洞进入玻璃杯时，她滑动一张卡片覆盖在玻璃杯口。

54. 准时小姐

她有一个接直流电源的电子钟。她睡觉的时候，房子里的电断了三十多分钟，结果闹钟就响晚了。

55. 纸上的洞

32。它遵循 2^{n-1} 这个公式。其中的 n 等于折叠的次数。

$$2^{6-1} = 2^5 = 32$$

56. 垫圈

圆的面积 $= \pi r^2$

阴影的面积（外圆面积 – 内圆面积）$= \pi h^2$

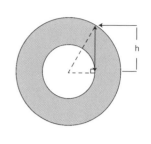

57. 隐藏关系

1. 这些单词包含：tie, shoe, hat, belt。

2. 这些单词包含：cod, roe, pike, hake。

3. 这些单词包含：play, drama, film, show。

4. 这些单词包含：ape, rat, deer, elk。

5. 这些单词包含：lark, rook, owl, rail。

58. 更多逻辑推理

1—5 中罗马数字被加了起来。

1. 101

2. 501

3. 10

4. 150

5. 1001

6. 24。每个元音的值是 8。

7. 6。每个元音的值是 3。

8. 24。每个元音的值是 12。

9. 63。每个元音的值是 21。

10. 144。每个元音的值是 36。

11. 35。每个辅音的值是 7。

12. 55。每个辅音的值是 11。

13. 135。每个辅音的值是 27。

14. 42。每个辅音的值是 14。

15. 140。每个辅音的值是 35。

16. 5。每个元音的值是 1，每个辅音的值是 2。

17. 14。每个元音的值是 5，每个辅音的值是 1。

18. 22。每个元音的值是 4，每个辅音的值是 6。

19. 22。每个元音的值是 3，每个辅音的值是 4。

20. 27。每个元音的值是 2，每个辅音的值是 7。

21—30 中字母的数值为其在字母表中的顺序数。

21. 134。两个单词的字母数值相加。

22. 15。第一个单词的字母数值之和减去第二个单词的字母数值
之和。

23. 4240。第一个单词的字母数值之和乘以第二个单词的字母数
值之和。

24. 224。两个单词的字母数值相加，再乘以 2。

25. 45。两个单词的字母数值相加，再除以 2。

26. 82。第一个单词的字母数值之和减去第二个单词的字母数值
之和，再乘以 2。

27. 92.5。第二个单词的字母数值之和的一半加上第一个单词的字
母数值之和。

28. 243。第二个单词的字母数值之和的两倍加上第一个单词的字
母数值之和。

29. 2956。第一个单词的字母数值之和的平方加上第二个单词的
字母数值之和。

30. 1957。第一个单词的字母数值之和的平方减去第二个单词的
字母数值之和的平方。

59. 曲折的提示

1. 猫眼石（opal）戒指。宝石的名称是女方名字的前两个字母与男方名字的前两个字母的组合。

2. 加里（Gary）。每个大写单词的最后一个字母构成了人名。

3. 安（Ann）。男孩名字的最后一个字母构成了这个女孩的名字。

4. 澳大利亚（Australia）。第一个地方的第一个字母构成了解说人名字的第一个字母，第二个地方的第二个字母构成了解说人名字的第二个字母，以此类推。

5. 水果（fruit）。人名的第一个字母构成了产品的第一个字母，居住地的第二个字母构成了产品的第二个字母，以此类推。

6. 十二月（December）。所有的单词都包含一个重复的元音，没有其他元音。

7. 咖啡（coffee）。卡罗尔（Carol）喜欢以她名字字母开头的东西。

60. 找到联系

1. trap、lived、regal、bats 倒着读都变成了另一个单词。

2. 右栏。所有组成左栏单词的字母都是按照它们在字母表中的顺序排列的。组成右栏单词的字母是按照字母表倒序排列的。

3. 淡褐色（hazel）。第一个和最后一个字母在字母表中的顺序数之和等于20。

61. 射击练习

$100 = 16 + 16 + 17 + 17 + 17 + 17$。只有这一种方案。

62. 计算器的误用

$a = 12$，$b = 36$，$c = 3$

63. 是芭蕾舞剧还是歌剧?

1. 20 个　2. 12 个　3. 21 个　4. 18 个　5. 122 个

64. 骨牌幻方

3 - 6	2 - 6	2 - 5	3 - 3	0 - 0
3 - 5	0 - 2	0 - 1	4 - 6	4 - 5
1 - 1	5 - 6	5 - 5	1 - 3	1 - 2
2 - 4	1 - 4	2 - 2	0 - 3	6 - 6
2 - 3	0 - 4	4 - 4	3 - 4	1 - 5

65. 夹心面包

1. 4 个　2. 5 个　3. 7 个　4. 11 个　5. 18 个

66. 贺卡店

1. 19 个　2. 22 个　3. 3 个　4. 45 个　5. 8 个

67. 派对难题

1. 27 个　2. 15 个　3. 6 个　4. 20 个　5. 82 个

68. DIY 难题

1. 8 个　2. 2 个　3. 35 个　4. 10 个　5. 11 个

69. 传送带谜题

1. 果汁　2. 汤料　3. 苹果　4. 第二位　5. 饼干

70．序列七

1. 第四名 2. 大卫 3. 乔治 4. 亚历克斯 5. 杰克

71．迷失的电梯

1. 特德 2. 克劳迪娅 3. 索菲 4. 乔安妮 5. 马克

72．谁住哪里?

1. 第四层 2. 布朗先生 3. 贝克夫人 4. 里治先生

5. 第五层

73．倒霉的水手

他在高尔夫球比赛中得了低于标准杆三杆的得分（albatross）。这个单词在英文中的另一个意思是信天翁。在某些船上提到信天翁被认为会倒霉，所以他被扔下了船。

74．正方形网格

1. 91 个

2. 简单的方法是从 1×1 的正方形开始，然后是 2×2，直到您看出这个序列。

$1 \times 1: 1$

$2 \times 2: 5$

$3 \times 3: 3 \times 3 + 5 = 14$

$4 \times 4: 4 \times 4 + 14 = 30$

$5 \times 5: 5 \times 5 + 30 = 55$

$6 \times 6: 6 \times 6 + 55 = 91$

$7 \times 7: 7 \times 7 + 55 = 104$

75. 您需要一台电脑吗?

它们是元音在字母表中的二进制位置。

A = 1　E = 5　I = 9　O = 15　U = 21

76. 同等的形状

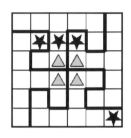

77. 两个正方形

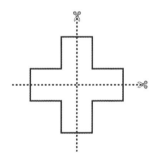 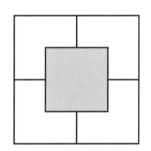

78. 分割正方形

A = 99 × 99 = 9801 米²　　G = 34 × 34 = 1156 米²

B = 78 × 78 = 6084 米²　　H = 9 × 9 = 81 米²

C = 21 × 21 = 441 米²　　I = 16 × 16 = 256 米²

D = 77 × 77 = 5929 米²　　J = 25 × 25 = 625 米²

E = 43 × 43 = 1849 米²　　K = 41 × 41 = 1681 米²

F = 57 × 57 = 3249 米²

79. 日本门上的符号

它是在一扇双色玻璃门上。一面写着 PUSH，另一面写着 PULL。

80. 复杂的除法

381654729

81. 小组智力竞赛

A

真相表	A	B	C
我有黄色标记。	T		L
A没有黄色标记。		L	
A和C都没有黄色标记。	L		
B没有黄色标记。	T	T	T
C没有黄色标记。		T	T

T = 真话

L = 谎言

82. 蜘蛛的逻辑

36。蜘蛛网的值为网中每只脚的位置所在数值之和。

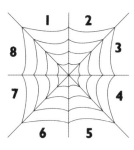

83. 塞维利亚的理发师

塞维利亚的理发师是一位女士。

84. 缺少元音字母

1. karate, croquet, lacrosse, angling

2. ladle, spatula, cruet, cutlery

3. greengage, apricot, kumquat, grapefruit

4. noodle, peanut, pancake, meringue

5. gorilla, leopard, reindeer, porcupine

85. 字母组合

1. bathroom, lounge, kitchen, bedroom

2. scissors, penknife, tweezers, corkscrew

3. lorry, coach, yacht, helicopter

4. cabbage, celery, beetroot, pumpkin

5. silk, linen, nylon, cotton

86. 网格密码

1. Jupiter（木星）

2. California（加利福尼亚）

3. Pyrenees（比利牛斯山）

4. Belgium（比利时）

5. Richard Gere（理查德·吉尔）

87. 空白正方形

1. D。这五个符号先沿着顶行走，然后沿着第二行，依次下去。

2. B。这六个符号先沿着第一列走，然后螺旋转到网格的中间。

3. 85426。用这些字母在字母表中的顺序数替换它们，并将其视作一个三位数，然后把它们加上前面方框的第一、第二行（各视作一个五位数），就得到第三行的数字。

4. 76652。用这些字母在字母表中的顺序数替换它们，并将其视作一个三位数，然后用前面方框的第一、第二行（各视作一个五位数）的总和减去它们，就得到第三行的数字。

88. 最长的单词

1. chrysanthemum（菊花）

2. Phantom of the Opera（《剧院魅影》）

89. 数字链

1. brontosaurus（雷龙）

B		R		O	
S	R	R	T	T	N
B		U		A	
	B		U		A
U	O	O	A	A	T
	T		S		O
	T		S		O
R	O	O	B	B	O
U		A		S	

2. San Francisco（旧金山）

	S		A		N
O	E	F	M	N	F
	B		H		H
	A		I		I
C	I	J	F	G	R
	L		D		A
	M		E		B
S	M	N	E	F	A
	I		C		N

90. 非同寻常的保险箱

1. 从第二行第二列的 2S 开始。

2. 从内圆 4 点钟位置的 1A 开始。

3. 放置在中间的字母为 S。四个单词是：haste，laser，miser，nasty。

4. 放置在中间的字母为 G。四个单词是：anger，eager，bight，regal。

91. 填空

1. diary, dairy　　2. peach, cheap　　3. tale, late

4. stop, pots　　5. eat, tea

92. 密码轮

marina, abduct, tanker, raisin, normal, lasted, decide, embalm

93. 五角星

1.

2.

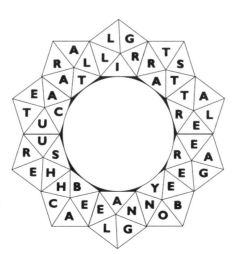

94. 纵列

1. pear, plum, lime

   PEOPLE

   EYELID

   AUTUMN

   RHYMES

2. Italy, China

   INFANCY

   THOUGHT

   ANGELIC

   LENIENT

   YASHMAK

3. Mclaren, Ferrari

   MINDFUL

   CLOSEST

   LIBERTY

   ADMIRAL

   RADIANT

   EMPEROR

   NOURISH

4. trifle, toffee

   TALENT

   ROBUST

   INFORM

   FULFIL

   LADDER

   EMPIRE

95. 字母网格

1. pause, lulls, islet, tests

2. aroma, today, amaze, layer

96. 字母金字塔

1. penguin, manor, toy, long, tan, you

2. too, elm, thaw, the, koala

97. 合并单词

squirrel, mongoose, chipmunk

98. 宴会

夫妇C

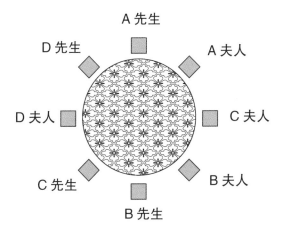

99. 老爷爷

56岁。（每个儿子有7个儿子和7个兄弟。后代总数是：7×8＝56。）

100. 破译公牛

abominable（a bomb in a bull）

其他单词是：terrible，catastrophic，explosive。

101. 我是谁?

1. 柯南·道尔

2. 哈里·胡迪尼

102. 我有什么样的头衔?

希望钻石（The Hope Diamond）

103. 字方

1. above，lobes，event，testy

2. hello，elver，sleds，torso

104. 缺少的字母

1. 科学家

    a）Planck（普朗克）

    b）Euclid（欧几里得）

    c）Edison（爱迪生）

2. 星辰

    a）Jupiter（木星）

    b）Pluto（冥王星）

    c）Saturn（土星）

3. 作曲家

    a）Liszt（李斯特）

    b）Dvorak（德沃夏克）

    c）Mahler（马勒）

    d）Mozart（莫扎特）

105. 奇怪的单词

1. facetious，abstemious   2. equation

3. footstool，foolproof   4. indivisibility

5. tumultuous，unscrupulous

106. 循环纵横字谜

EAST STAR

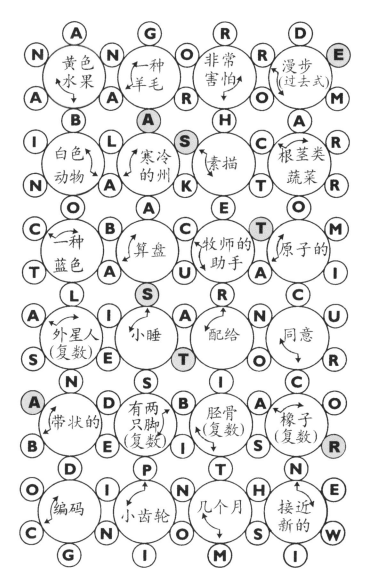

107. 什么？

1. November 中的 N。这些字母是下半年六个月份的首字母。

2. Cancer 中的 C。这些字母是十二星座的首字母。

3. Saturn 中的 S。这些字母是代表行星的单词的首字母。

4. Saturday 中的 A。这些字母是代表星期的单词的第二个字母。

5. N。这些字母出现在键盘的最底端一行。

6. Six 中的 I。这些字母是代表数字 1 至 9 的单词的第二个字母。

7. 5。代表星座符号的单词的字母数量揭示了答案，例如 Libra—scales—6，Aries—ram—3 等。Gemini 的符号是 twins。

8. 詹妮有 10 美元，保拉有 22 美元。

9. 在计算器上。颠倒着看这两个相加的数字时，1089 实际上是 6801，2568 实际上是 8952。6801 + 8952 = 15753。

10. 4。每个字母直线的数量相加。

108. 密码齿轮

1. star　2. clip　3. scab　4. drab

109. 又一密码齿轮

1. taps　2. tabs　3. type　4. wept